संस्कारी
(जो आपको बनना सिखाया गया)

से

सैवेज
(जो आप सच में हैं)

वह किताब जिसकी मुझे कभी ज़रूरत थी — अब, हर उस इंसान के लिए लिखी गई है जो ख़ुद को उस इंसान में बदल रहा है जो वह बनने का सपना देखता है।

🤎

असली अनुभव | असली सबक | असली बदलाव

लेखिका

प्रीति कुमारी

शीर्षक: संस्कारी से सैवेज

लेखिका: प्रीति कुमारी

पहला संस्करण: 2026

लेखिका द्वारा स्वतंत्र रूप से प्रकाशित।

अस्वीकरण (Disclaimer)

यह किताब केवल शैक्षिक, जानकारीपरक और व्यक्तिगत विकास के उद्देश्यों के लिए है। इसमें व्यक्त विचार और राय लेखिका के अपने हैं। पाठकों से अनुरोध है कि इस किताब में दिए गए विचारों और सुझावों को अपनाते समय अपनी समझ और विवेक का इस्तेमाल करें।

कवर डिज़ाइन: प्रीति कुमारी

भारत में मुद्रित (Printed in India)

समर्पण

यह किताब मेरे अपनों को समर्पित है।

मेरी माँ: लोग कहते हैं कि मैं उन्हीं जैसी हूँ, और यह मेरे लिए सबसे बड़ी तारीफ़ है। ज़िंदगी में किसी और से ज़्यादा उन्होंने हमेशा मुझ पर भरोसा किया, ख़ासकर तब जब मैं ख़ुद पर शक करती थी। उन्हें बस एक फ़ोन कर देना ही मुझे हमेशा खुश कर देता था।

मेरे पापा: वे हमेशा ख़ामोश रहने वाले इंसान थे, लेकिन उन्होंने मुझे मुख्य रूप से दो बातें सिखाईं: "बच्चा, मेहनत करो। ऐसा कोई काम नहीं जो दुनिया में मुमकिन न हो पाए।" और, "मेहनत से डरना नहीं, सबसे अच्छा ढूँढो।"

मेरे भैया: मेरे बड़े भाई होने के नाते, आज मैं जो हूँ वह बनने में उन्होंने मेरी मदद की। मैंने किताबें पढ़ना शुरू किया, और मेरे पास जो कल्पनाशील दिमाग़ है उसकी एक वजह यह भी है कि उन्होंने ऐसी चीज़ें कीं जिन्हें मैं पहले मुमकिन ही नहीं समझती थी।

मेरे पार्टनर (मेरे सबसे अच्छे दोस्त): मैं अपने आसपास के बहुत से लोगों से काफ़ी अलग हूँ, लेकिन उन्होंने हमेशा मुझे यह एहसास दिलाया कि मैं किसी बड़े मक़सद के लिए पैदा हुई हूँ। वे वही एक इंसान हैं जिसे हम ज़िंदगी में हमेशा ढूँढते हैं — वो जो कहता है, "तू कर, मैं हूँ ना।"

मेरे छोटे (छोटी और निखु): वही वजह थे कि मुझमें रास्ते बदलने की हिम्मत आई, क्योंकि मैंने सोचा कि अगर मैं ग़लत सोच को नहीं तोड़ूँगी, तो इन्हें उससे गुज़रना पड़ेगा — और इसी बात ने अपने आप मुझे ज़िंदगी में और ज़्यादा करने की हिम्मत दी।

मेरे सास-ससुर (डैडी और मम्मी, और छोटा भाई): उन्होंने मुझे अपनी बेटी की तरह अपनाया, हमेशा पूरे दिल से प्यार किया और मेरे लिए ख़ुद को हमेशा बदला।

मेरे बाबा–अम्मा (दादा-दादी): दादा-दादी के प्यार की जगह कोई और नहीं ले सकता।

मेरे करीबी दोस्त: वे अच्छे और बुरे, दोनों वक़्तों में मेरे साथ खड़े रहे।

मेरे मामा और मामी: वे लोग जिन्होंने मुझे बचपन से ही सहारा दिया।

और हाँ, सबसे ज़रूरी — **कान्हा जी:** अगर मुझमें थोड़ी भी दयालुता, समझदारी या कोई चिंगारी है, तो सिर्फ़ उन्हीं की वजह से।

तो हाँ, मेरी कामयाबी सिर्फ़ मेरी कामयाबी नहीं है। मेरे इस सफ़र में बहुत से लोगों का योगदान है, और मुझे उम्मीद है कि मैं उन सबको गर्व महसूस कराऊँगी।

— प्रीति

लेखिका के बारे में

प्रीति कुमारी ऐसी इंसान नहीं हैं जो यह दावा करें कि उनके पास हर सवाल का जवाब है। वे एक ऐसी लड़की हैं जो बिल्कुल आपके जैसी हैं।

एक ऐसी लड़की जिसने ज़िंदगी, लोगों, कामयाबी, नाकामी, रिश्तों, सपनों, उम्मीदों और सबसे बढ़कर ख़ुद को समझने में सालों बिता दिए।

लंबे समय तक उन्हें यही लगता रहा कि एक दिन सब कुछ साफ़ हो जाएगा। कि एक दिन वे इतनी आत्मविश्वासी, इतनी कामयाब या इतनी तैयार हो जाएँगी कि वह ज़िंदगी जीना शुरू कर सकें जो वे सच में चाहती थीं। लेकिन ज़िंदगी ने उन्हें कुछ और ही सिखाया।

सच तो यह था कि तरक्की कभी परफ़ेक्ट बनने के बारे में थी ही नहीं। वह असली बनने के बारे में थी। आज वे जो इंसान हैं, वह बनने में उन्हें करीब दस साल लगे, जबकि सबसे बड़े सबक़ों में से कई तो सिर्फ़ दो साल में ही सीखे जा सकते थे।

कभी-कभी वे मुस्कुराकर सोचती हैं: "**अगर किसी ने मुझे ये बातें दस साल पहले बता दी होतीं, तो शायद मैं उलझन, ख़ुद पर शक और बेवजह की जद्दोजहद के आठ साल बचा सकती थी।**" यही सोच इस किताब के होने की वजह बनी। इसलिए नहीं कि प्रीति लेखिका बनना चाहती थीं। बल्कि इसलिए कि वे हर उस इंसान के लिए एक रहनुमा, एक दोस्त और एक याद दिलाने वाली आवाज़ बनना चाहती थीं, जो ख़ुद का बेहतर रूप बनने की कोशिश करते हुए ख़ुद को खोया हुआ महसूस करता है। इन पन्नों के ज़रिए वे असल ज़िंदगी से बटोरे हुए सबक़ साझा करती हैं — तरक्की के पल, ग़लतियाँ, ख़ुद को पहचानना, दिल टूटना, हिम्मत, ख़ुद को दोबारा खड़ा करना, और ख़ुद पर भरोसा करना सीखना।

उनका सफ़र कभी किसी और जैसा बनने के बारे में नहीं था। वह उन परतों को हटाने के बारे में था जो कंडीशनिंग (बचपन से मन में बैठाई गई सोच), उम्मीदों, लोगों को खुश करने की आदत और डर से बनी थीं। वह ख़ुद के उस रूप को छोड़ देने के बारे में था जो सिर्फ़ दूसरों की मंज़ूरी के लिए जीता था, और उस बेझिझक असली, सच्ची और हिम्मती औरत को अपनाने के बारे में था जो उन्हें बनना ही था।

आज प्रीति एक-एक कदम बढ़ाकर अपनी ज़िंदगी बना रही हैं — एक उद्यमी, फ़ाउंडर, लेखिका, सीखने वाली और सपने देखने वाली के रूप में। वे आज भी मानती हैं कि तरक्की कभी ख़त्म नहीं होती। वे आज भी मानती हैं कि छोटे बदलाव एक ज़िंदगी बदल सकते हैं।

वे आज भी मानती हैं कि हमें बचाने कोई नहीं आ रहा — और यही बात ख़ूबसूरत है, क्योंकि इसका मतलब है कि हम ख़ुद को बचाने में सक्षम हैं। सबसे बढ़कर, उन्हें उम्मीद है कि यह किताब आपको एक ज़रूरी बात याद दिलाएगी:

आपके पास हर चीज़ का जवाब होना ज़रूरी नहीं है। आपका परफ़ेक्ट होना ज़रूरी नहीं है। आपको सही वक़्त का इंतज़ार करने की ज़रूरत नहीं है। आपको बस अगला कदम उठाने की हिम्मत चाहिए। और अगर यह किताब आपको उस इंसान के एक प्रतिशत भी करीब ले जाती है जो आप बनना चाहते हैं, तो हर पन्ना लिखना सार्थक था। **यह किसी परफ़ेक्ट ज़िंदगी की कहानी नहीं है। यह "बनने" की कहानी है। संस्कारी (सोचने के पुराने, परंपरागत तरीक़ों) से लेकर जीने के एक सैवेज (यानी असली आप) तरीक़े तक। और यह सफ़र अब भी जारी है।**

विषय-सूची

प्रस्तावना

संस्कारी से सैवेज: एक सफ़र

हम सब अपना सबसे बेहतर रूप बनना चाहते हैं — कोई ऐसा जो करियर, पैसा, रिश्ते, जुनून और सपनों को सँभाल सके और साथ ही सब कुछ एक साथ बैलेंस में रख सके।

पर ज़िंदगी हमेशा प्लान के मुताबिक़ नहीं चलती। हक़ीक़त सामने आ जाती है। हम अटक जाते हैं, दिशा खो देते हैं, झटके खाते हैं, और कभी-कभी तो ख़ुद पर ही शक करने लगते हैं।

मैं भी वहाँ से गुज़री हूँ।

यह किताब किसी थ्योरी से नहीं लिखी गई है। यह असली अनुभवों, असली संघर्षों, असली ग़लतियों और रास्ते में सीखे गए असली सबक़ों से लिखी गई है।

एक बात जो मेरे मन में हमेशा रही, वह यह थी कि मैंने ज़िंदगी का बहुत सारा वक़्त यह सोचने में बर्बाद कर दिया कि मुझमें क्या कमी है। धीरे-धीरे मुझे एहसास हुआ कि मुझमें कोई कमी थी ही नहीं। ज़्यादातर बात इस पर निर्भर करती है कि आप किसी हालात को किस नज़रिए से देखते हैं।

मुझे लगता है कि अगर मैंने ख़ुद के इस रूप को पहले पहचान लिया होता, तो मैं कई साल बचा सकती थी। आज मैं जो इंसान हूँ, वह हमेशा से मेरे अंदर ही था। शायद यह किताब आपको ख़ुद के उस रूप को जल्दी पहचानने में मदद कर सके।

सालों तक मैं अपने जवाब ख़ुद के बाहर ढूँढती रही, और आख़िर में जाकर समझ आया कि उनमें से कई जवाब तो पहले से ही मेरे अंदर मौजूद थे। कभी-कभी अपनी ताक़त देखने के लिए हमें बस एक अलग नज़रिए की ज़रूरत होती है।

इस किताब में मैंने अपनी ज़िंदगी के ज़्यादातर अनुभव साझा किए हैं। मार्गदर्शन वह चीज़ थी जिसकी मेरी ज़िंदगी में कमी रही, और मुझे लगता है कि यह किताब वही दोस्त बन सकती है जिसकी मुझे उन सालों में ज़रूरत थी। यह ऐसा है जैसे किसी दोस्त के साथ कॉफ़ी पीते हुए आपको अपने जवाब मिल जाएँ और आप अपनी बात भी कह दें। मुझे पूरा यक़ीन है कि यह किताब आपसे बात करेगी। और मैं आपको भरोसा दिलाती हूँ कि अगर आप इन सबक़ों को अपनी ज़िंदगी में उतारेंगे, तो इसके नतीजे भी साफ़ दिखेंगे — जैसे इसी ने मुझे दो कामयाब बिज़नेस का मालिक बनाया।

इस किताब में मैंने करीब 10 साल के अनुभव और सीख साझा की है, जिनसे शायद आप ख़ुद को जुड़ा हुआ महसूस करें, और साथ ही अपना सबसे बेझिझक रूप बन सकें।

ज़िंदगी एक रोलरकोस्टर के सफ़र की तरह है। कभी यह आसान लगती है, तो कभी बहुत मुश्किल। ऐसे पल भी आ सकते हैं जब आपको लगे कि उस वक़्त आपके साथ कोई होना चाहिए।

मेरी अपनी ज़िंदगी में भी ऐसे पल आए जब मैं ख़ुद को खोया हुआ, उलझा हुआ और अपने अगले कदम को लेकर अनिश्चित महसूस करती थी। उन पलों ने मुझे उतना ही गढ़ा जितना मेरी जीतों ने।

मुझे उम्मीद है कि यह किताब वही दोस्त बन सकेगी — एक बड़ी बहन की तरह जो ईमानदार मार्गदर्शन, सहारा और वह सलाह देती है जिसकी आपको तब ज़रूरत होती है जब ज़िंदगी अनिश्चित लगती है। अगर मेरे सफ़र का एक भी सबक़ आपको ज़्यादा आत्मविश्वास, हिम्मत और ख़ुद पर भरोसे के साथ आगे बढ़ने में मदद करता है, तो यह किताब लिखना सार्थक रहा।

मेरी ख़्वाहिश बहुत सीधी है: कि इस किताब के ख़त्म होने तक आप ख़ुद पर थोड़ा और भरोसा करें, थोड़े और बड़े सपने देखें, और जो आप सच में हैं वह बनने के लिए किसी की इजाज़त का इंतज़ार करना छोड़ दें।

भाग 1

संस्कारी लड़की

वह लड़की जो नियमों पर चलती थी।

मैंने यह क्यों लिखा?!

लोग अक्सर मुझसे पूछते हैं, **"तुमने यह किताब क्यों लिखी?"**

इसका जवाब असल में बहुत सीधा है।

मैंने यह इसलिए लिखी क्योंकि यह वही किताब है जिसकी कभी मुझे ख़ुद ज़रूरत थी।

मेरी ज़िंदगी में एक वक़्त ऐसा था जब मैं उलझन में थी, मेरा ध्यान भटका हुआ था, और मैं लगातार ख़ुद पर सवाल उठाती रहती थी। मैं बेहतर बनने की कोशिश कर रही थी, एक अलग ज़िंदगी बनाने की कोशिश कर रही थी, ख़ुद का एक अलग रूप बनने की कोशिश कर रही थी — लेकिन मुझे यह पता ही नहीं था कि जो मैं महसूस कर रही हूँ, वह सामान्य है भी या नहीं।

मेरे पास कोई ऐसा नहीं था जो मुझसे कह सके, "**हाँ, तुम जिससे गुज़र रही हो, वह इस सफ़र का ही हिस्सा है।**"

मेरे पास कोई ऐसा नहीं था जो मेरी भावनाओं को सही ठहरा सके।

ज़्यादातर चीज़ें मुझे ख़ुद ही समझनी पड़ीं।

आज जब मैं पीछे मुड़कर देखती हूँ, तो मुझे **वह फ़ासला साफ़ दिखता है जो इस बात के बीच था कि मैं कौन थी और मैं कौन बनना चाहती थी।**

एक वक़्त था जब मैं बस एक कॉर्पोरेट लड़की थी, जो महीने के करीब ₹25,000 कमाती थी, और अपने अंदर ऐसे बड़े सपने लिए घूमती थी जो मेरे आसपास के कई लोगों को नामुमकिन लगते थे। अपने अंदर कहीं गहरे, मैं और ज़्यादा चाहती थी। सिर्फ़ ज़्यादा पैसा नहीं, बल्कि ज़्यादा तरक्की, ज़्यादा आज़ादी, ज़्यादा असर, और ख़ुद ज़िंदगी से ज़्यादा कुछ।

मुश्किल यह थी कि मुझे मंज़िल तो दिख रही थी, पर मेरे पास उस तक पहुँचने का कोई नक़्शा नहीं था।

कुछ दिन ऐसे होते जब मैं ख़ुद पर शक करती। कुछ दिन जब मुझे लगता कि मैं पिछड़ रही हूँ। कुछ दिन जब मैं सोचती कि क्या मैं सही फ़ैसले ले रही हूँ। कुछ दिन जब सुबह मैं प्रेरित महसूस करती और शाम तक पूरी तरह खोई हुई।

और मज़ेदार बात यह है कि बाहर से सब कुछ सामान्य दिखता था। पर अंदर से, मैं लगातार ख़ुद को समझने की कोशिश में लगी रहती थी।

मैं समझने की कोशिश कर रही थी कि आख़िर मैं ज़िंदगी से और ज़्यादा क्यों चाहती हूँ। मैं इतनी बेचैन क्यों रहती हूँ। मैं औसत पर राज़ी क्यों नहीं हो पाती। मैं ऐसी चीज़ों के लिए मेहनत करने को क्यों तैयार थी जिनके बारे में मेरे आसपास के ज़्यादातर लोग सोचते तक नहीं थे।

मैं जो इंसान थी और जो बनना चाहती थी, उन दोनों के बीच एक फ़ासला था। एक बड़ा फ़ासला।

और सच कहूँ तो, वह फ़ासला बेचैन कर देने वाला था। क्योंकि हर दिन मुझे वह ज़िंदगी दिखती जो मैं चाहती थी, पर मैं अभी वहाँ पहुँची नहीं थी।

मुझे पता था कि मैं और ज़्यादा आत्मविश्वासी बनना चाहती हूँ। मुझे पता था कि मैं अनुशासित बनना चाहती हूँ। मुझे पता था कि मैं आर्थिक रूप से आज़ाद बनना चाहती हूँ। मुझे पता था कि मैं कुछ सार्थक बनाना चाहती हूँ।

पर यह जानना कि आप क्या चाहते हैं, और वह इंसान बन जाना — ये दो बिल्कुल अलग बातें हैं।

इन दोनों के बीच का जो सफ़र है, वहीं ज़्यादातर लोग संघर्ष करते हैं। और ठीक उसी सफ़र में इस किताब का विचार पैदा हुआ।

इन सालों में, मुझे एक बात समझ आई।

हर वह इंसान जो ख़ुद का सबसे बेहतर रूप बनने का फ़ैसला करता है, मिलती-जुलती भावनाओं से गुज़रता है — ख़ुद पर शक, तुलना, डर, उलझन, उत्साह, तरक्की, नाकामी, कामयाबी, और फिर और ज़्यादा तरक्की।

ब्योरे भले अलग हों, पर भावनाएँ अक्सर एक जैसी होती हैं।

चाहे आप कोई बिज़नेस खड़ा करने की कोशिश कर रहे हों, अपनी सेहत सुधारने की, अपने रिश्तों को मज़बूत करने की, ज़्यादा पैसा कमाने की, या बस ख़ुद का एक बेहतर रूप बनने की — ऐसे पल ज़रूर आएँगे जब आप हर चीज़ पर सवाल उठाएँगे।

और जब आप उन भावनाओं से गुज़र रहे होते हैं, तो कभी-कभी आपको बस किसी ऐसे की ज़रूरत होती है जो कहे, "मैं समझती हूँ। मैं भी वहाँ से गुज़री हूँ।"

मैं चाहती हूँ कि यह किताब आपके लिए वही बने।

कोई नियमों की किताब नहीं। कोई भाषण नहीं। कोई ऐसा नहीं जो आपको बताए कि क्या करना है।

मैं चाहती हूँ कि यह किताब एक बातचीत जैसी लगे। जैसे कोई दोस्त आपके बगल में बैठा हो। जैसे कोई बड़ी बहन वह साझा कर रही हो जो उसने ख़ुद चीज़ें समझते-समझते सीखा।

कोई ऐसा जिसके पास हर सवाल का जवाब तो नहीं, पर जिसने इस रास्ते पर इतना सफ़र तय कर लिया है कि पीछे आने वालों के लिए कुछ निशान छोड़ सके।

इस किताब में आप जो कुछ भी पढ़ेंगे, वह मेरे अपने अनुभवों, सबक़ों, ग़लतियों, जीतों, और उन पलों से आता है जब ज़िंदगी ने मुझे कुछ ज़रूरी सिखाया।

कुछ अध्याय आपको सलाह जैसे लगेंगे। कुछ याद दिलाने जैसे। कुछ ऐसे जैसे ज़रूरत के वक़्त एक हल्का-सा धक्का। और कुछ ऐसे जैसे वे ठीक उसी दौर के लिए लिखे गए हों जिससे आप इस वक़्त गुज़र रहे हैं।

अगर एक भी अध्याय आपको कोई बेहतर फ़ैसला लेने में, ख़ुद पर थोड़ा और भरोसा करने में, कोई एक काम करने में जिसे आप

टालते आ रहे हैं, या अपने सफ़र में थोड़ा कम अकेला महसूस करने में मदद करता है — तो यह किताब लिखना सार्थक रहा।

क्योंकि आख़िरकार, यह किताब बस उन सबक़ों का संग्रह है जो किसी ऐसे इंसान के हैं जो ख़ुद का सबसे बेहतर रूप बनने की कोशिश कर रहा था।

वह लड़की जिसके सपने कभी उसके हालात से कहीं बड़े थे। वह लड़की जिसे ग़लतियों, नाकामियों और तजुर्बे से सीखना पड़ा। वह लड़की जो तब भी आगे बढ़ती रही जब उसे पूरा यक़ीन भी नहीं था कि सब कुछ कैसे काम करेगा।

और एक बात और...

जब आप यह किताब पढ़ रहे हों, तो मुझे ज़रूर बताइएगा कि कौन-से अध्याय आपकी सबसे ज़्यादा मदद कर पाए।

वे अध्याय जिन्होंने आपको रुककर सोचने पर, ख़ुद में झाँकने पर मजबूर किया, या आपको ठीक वही शब्द दिए जिन्हें सुनने की उस पल आपको ज़रूरत थी।

मुझे इससे ज़्यादा खुशी किसी बात से नहीं होगी कि मेरी लिखी कोई चीज़, चाहे थोड़ी-सी ही सही, आपको आपका सबसे बेहतर रूप बनाने में काम आई।

क्योंकि यही इस किताब के होने की पूरी वजह है।

किसी की यह बनने में मदद करना जो इंसान वह जानता है कि वह बन सकता है।

और अगर इस वक़्त यह किताब आपके हाथ में है, तो काफ़ी मुमकिन है कि आप भी यही करने की कोशिश कर रहे हैं।

तो स्वागत है आपका।

चलिए, साथ मिलकर आगे बढ़ते हैं।

साधारण से असाधारण तक

हम सब ज़िंदगी में असाधारण बनना चाहते हैं।

हम असाधारण सेहत, असाधारण रिश्ते, असाधारण करियर, असाधारण कमाई और एक असाधारण ज़िंदगी चाहते हैं।

लेकिन अगर ज़्यादातर लोग यही चाहते हैं, तो फिर इतने कम लोग असल में वह बन क्यों पाते हैं?

जवाब सीधा है।

आप आज जो हैं और जो बनना चाहते हैं, उन दोनों के बीच एक फ़ासला है।

और उस फ़ासले के अंदर बहुत कुछ बसता है — बीते अनुभव, नाकामियाँ, डर, शक, असुरक्षाएँ, और वे पुरानी कहानियाँ जो हम ख़ुद को सुनाते रहते हैं।

बहुत से लोग सालों इस उधेड़बुन में बिता देते हैं कि उन सोचों को कैसे बदलें।

मैं भी यही सोचा करती थी।

फिर मुझे कुछ ऐसा मिला जिसने तरक्की को देखने का मेरा पूरा नज़रिया बदल दिया।

मैं आपको ठीक-ठीक बताती हूँ कि मैंने क्या किया।

सबसे पहले मैंने स्पष्टता बनाई।

मैंने एक काग़ज़ निकाला और ज़िंदगी के हर हिस्से में अपना सबसे बेहतर रूप लिख डाला।

सेहत। करियर। पैसा। रिश्ते।

मैंने लिखा कि वह कैसे सोचती है, कैसे बर्ताव करती है, कैसे बात करती है, कैसे कपड़े पहनती है, मुश्किलों को कैसे सँभालती है, और फ़ैसले कैसे लेती है।

फिर एक दिलचस्प बात हुई।

किसी एक दिन वह बनने का इंतज़ार करने के बजाय, मैंने धीरे-धीरे आज से ही उसी की तरह बर्ताव करना शुरू कर दिया।

इससे पहले कि मैं कभी मर्सिडीज़ चलाती, मैंने उस इंसान की तरह बात करना शुरू कर दिया जिसके पास पहले से एक हो।

घमंड भरे अंदाज़ में नहीं। आत्मविश्वास भरे अंदाज़ में।

मैंने कमी (scarcity) से फ़ैसले लेना बंद किया और संभावना (possibility) से फ़ैसले लेना शुरू कर दिया।

इससे पहले कि मैं बिज़नेसवुमन बनती, मैंने एक बिज़नेसवुमन की तरह बर्ताव करना शुरू कर दिया।

इससे पहले कि मैं लेखिका बनती, मैंने एक लेखिका की तरह बर्ताव करना शुरू कर दिया।

इससे पहले कि मेरी ज़िंदगी के कुछ रिश्ते बेहतर होते, मैंने ख़ुद को उस रूप में पेश करना शुरू किया जिसके पास पहले से सेहतमंद रिश्ते थे।

ज़्यादातर लोग पहले नतीजों का इंतज़ार करते हैं और पहचान बाद में बनाते हैं।

मैंने इसका उल्टा किया।

मैंने पहले पहचान बनाई और नतीजों को बाद में पकड़ने दिया।

जब भी ज़िंदगी मेरे सामने कोई फ़ैसला रखती, मैं ख़ुद से एक सीधा सवाल पूछती:

"मेरा भविष्य वाला रूप क्या करता?"

पुरानी प्रीति वे फ़ैसले नहीं ले रही थी।

वह लड़की ले रही थी जो दो बिज़नेस चला रही थी।

वह लड़की ले रही थी जो अपनी सपनों की गाड़ी चला रही थी।

वह लेखिका ले रही थी।

वह आत्मविश्वासी रूप ले रहा था।

हर बार जब मैंने उस रूप को चुना, फ़ासला थोड़ा और छोटा होता गया।

मैंने कभी अपनी मौजूदा हक़ीक़त के हिसाब से बर्ताव नहीं किया।

मैंने उस इंसान के हिसाब से बर्ताव किया जो मैं पाँच साल बाद बनना चाहती थी।

और धीरे-धीरे, दिन-ब-दिन, फ़ैसले-दर-फ़ैसले, आदत-दर-आदत, इस बात के बीच का फ़ासला कि मैं कौन थी और कौन बनना चाहती थी, मिटने लगा।

इसे ऐसे सोचिए।

अगर आप फ़िट बनना चाहते हैं, तो फ़िट होने का इंतज़ार मत कीजिए कि तभी एक सेहतमंद इंसान की तरह बर्ताव करेंगे। आज से ही वैसे फ़ैसले लेना शुरू कीजिए।

अगर आप आर्थिक रूप से कामयाब बनना चाहते हैं, तो पैसे के आने का इंतज़ार मत कीजिए। आज से ही उस इंसान की तरह सीखना, प्लान करना और बर्ताव करना शुरू कीजिए जो पैसे की क़द्र करता है और उसे समझदारी से सँभालता है।

अगर आपको आत्मविश्वास चाहिए, तो आज से ही उस इंसान की तरह बोलिए, चलिए और ख़ुद को पेश कीजिए जो ख़ुद पर यक़ीन करता है।

सुनने में सीधा लगता है।

असल में, बहुत ही सीधा लगता है।

पर ज़िंदगी के कुछ सबसे ताक़तवर बदलाव सीधे ही होते हैं।

आपका असाधारण रूप किसी एक बड़े पल में नहीं बनता।

वह हज़ारों छोटे-छोटे फ़ैसलों से बनता है, जहाँ आप अपनी मौजूदा सीमाओं के बजाय अपने भविष्य वाले रूप को चुनते हैं।

तो आज ही एक काग़ज़ निकालिए।

अपना सबसे बेहतर रूप लिख डालिए।

साफ़ हो जाइए कि वह इंसान कौन है।

फिर उसी की तरह बर्ताव करना शुरू कर दीजिए।

क्योंकि साधारण से असाधारण तक पहुँचने का सबसे तेज़ रास्ता यही है कि उस इंसान के बनने का इंतज़ार करना छोड़ दीजिए और अभी से उसकी तरह जीना शुरू कर दीजिए।

छोटी-छोटी बातें

हाल ही में मैं एक फ़िल्म देख रही थी। वह बहुत धीमे शुरू हुई, और एक आम इंसान की तरह मैं उस हिस्से को छोड़कर सीधे मुख्य कहानी पर पहुँचना चाहती थी।

पर तभी मुझे एक बात समझ आई। हम अक्सर अपनी ज़िंदगी में भी यही करते हैं। **हम रोज़मर्रा के पलों का मज़ा नहीं लेते क्योंकि हमारा ध्यान बहुत ज़्यादा अंत पर लगा होता है।**

हम आख़िरी नतीजे से इस कदर जुड़ जाते हैं कि उन छोटे-छोटे टुकड़ों की क़द्र ही नहीं करते जो सफ़र को मायने देते हैं। ज़िंदगी के हर हिस्से को समझकर और उसकी क़द्र करके हम देखने लगते हैं कि छोटे पल कहानी से अलग नहीं हैं, बल्कि वही तो कहानी हैं। ऐसी बहुत-सी छोटी चीज़ें हैं जिन्हें हम हल्के में लेते हैं।

अपने अपनों के पास जागना।

टहलते हुए हाथ थामना।

वह फ़ोन कॉल जो किसी मुश्किल दिन को पल भर में बेहतर बना दे।

घर से निकलने से पहले किसी का एक सीधा-सा गले लगाना, वह थोड़ी-सी ज़्यादा कोशिश।

प्यार के ये छोटे-छोटे काम अक्सर वही पल बन जाते हैं जिन्हें हम सबसे ज़्यादा याद रखते हैं।

हम हर चीज़ को बड़ा बनाने की इतनी जल्दी में क्यों रहते हैं?

क्या हो अगर ज़िंदगी की असली खुशी इन्हीं छोटी चीज़ों में छिपी हो?

बड़े होते हुए मेरी हमेशा यह आदत रही कि मैं हर काम फ़िनिश लाइन पर नज़रें गड़ाए करती थी। फिर मेरी मुलाक़ात मेरे पार्टनर से हुई, कोई ऐसा जो पलों का मज़ा लेता है और वर्तमान में जीता है। पहले मैं उसके ज़िंदगी को देखने के नज़रिए को समझ नहीं पाती थी। पर अब, अपनी तीसवीं उम्र में, लगता है कि वह सही था। धीरे-धीरे, मुझे एहसास हुआ कि मैं आज जहाँ हूँ उसकी क़द्र करते हुए भी बड़ी चीज़ें हासिल कर सकती हूँ। मैं अपनी ज़िंदगी की बागडोर थाम सकती हूँ, ऊँचे लक्ष्य छू सकती हूँ, और साथ ही रास्ते के सफ़र का मज़ा भी ले सकती हूँ। मैं किसी नई चीज़ का दिन 1 शुरू कर सकती हूँ, बिना बीते कल का अपराधबोध ढोए। और इसी वजह से, मैंने उन छोटे पलों की क़द्र करना सीखा जो चुपचाप ज़िंदगी को ख़ूबसूरत बना देते हैं। वही पल आख़िरकार बड़े पल बन जाते हैं।

अपनी ज़िंदगी जीने की जल्दी में मत रहिए। हर दिन को पूरी तरह जिएँ। छोटी चीज़ों पर ग़ौर कीजिए। छोटी चीज़ों का जश्न मनाइए। **क्योंकि एक दिन शायद आपको पता चले कि असल में वे छोटी चीज़ें ही हमेशा से बड़ी चीज़ें थीं।** और हर दिन को एक नई शुरुआत बनाइए।

बस बात करो

क्या कभी आपकी ज़िंदगी से लोग सिर्फ़ इसलिए छूट गए क्योंकि आपने यह नहीं बताया कि आप कैसा महसूस कर रहे थे? और आख़िरकार, कुछ ग़लतफ़हमियों के बाद, आपने ऐसी दीवारें खड़ी कर लीं जिनका वहाँ होना कभी ज़रूरी ही नहीं था?

मैं किसी से बात कर रही थी, और मैंने पूछा, "**आपको क्या लगता है कि इतने सारे लोगों की ज़िंदगी में एक-दो सच में करीबी इंसान भी क्यों नहीं होते — चाहे वह पार्टनर हो, दोस्त हो, या परिवार का कोई सदस्य?**" मुझे जो जवाब मिला वह बहुत आम था, और यह ऐसा है जो मैं अक्सर सुनती हूँ। **लोग ज़िंदगी को उससे कहीं ज़्यादा उलझा देते हैं जितनी उसकी ज़रूरत होती है।**

अगर आप सच में कुछ चाहते हैं, तो कभी-कभी जवाब बहुत सीधा होता है:

बस बात करो।

दीवारें खड़ी करके और लोगों को खोकर क्यों, जब एक बातचीत वह सुलझा सकती है जो ख़ामोशी कभी नहीं सुलझा पाती?

लोग मुश्किल रास्ता क्यों चुनते हैं, और फिर सालों उन चीज़ों के नतीजे भुगतते हैं जिनके बारे में कभी बात ही नहीं हुई? शायद आप

हर चीज़ पर ज़रूरत से ज़्यादा सोच रहे हैं और ज़िंदगी के सही लोगों को खो रहे हैं।

एक बात जो मैंने सीखी है, वह यह है कि लोग मन पढ़ने वाले नहीं होते। जो लोग हमसे प्यार करते हैं, वे भी हमेशा अंदाज़ा नहीं लगा सकते कि हम क्या महसूस कर रहे हैं, हमें क्या चाहिए, या हमें क्या तकलीफ़ दे रहा है। और इसीलिए मैं अपने मन में जो भी होता है, वह अपने अपनों से हमेशा साफ़-साफ़ कह देती हूँ।

बहुत से रिश्ते किसी एक बड़ी ग़लती की वजह से ख़त्म नहीं होते। वे उन बहुत-सी छोटी बातचीतों की वजह से ख़त्म होते हैं जो कभी हुई ही नहीं।

कभी हम सही पल का इंतज़ार करते हैं। कभी हम उम्मीद करते हैं कि सामने वाला बिना हमारे कुछ कहे ही समझ जाए।

और कभी हमारा ईगो हमारी ईमानदारी से ज़्यादा ज़ोर से बोलने लगता है। पर सच सीधा है: अगर कोई बात मायने रखती है, तो कह दीजिए। अगर कोई इंसान मायने रखता है, तो उससे बात कीजिए। अगर कोई रिश्ता मायने रखता है, तो अनुमानों के हावी होने से पहले बात कीजिए।

आज की एक मुश्किल बातचीत अक्सर सालों तक पछतावा ढोने से आसान होती है। बस बात करो।

और मैं यह नहीं कह रही कि यह आसान है, पर क्या हो अगर आप मुश्किल बातचीतें कर लें और अपनी ज़िंदगी के सही लोगों को बचा लें? जब मैं लोगों से मिलती हूँ तो अक्सर सुनती हूँ कि मेरे अपने पार्टनर, माता-पिता, भाई-बहनों और सास-ससुर के साथ कमाल

के रिश्ते हैं — पर सच यह है कि मैं मुश्किल बातचीतों से कभी नहीं भागी, हमेशा सामने आई और उन्हें कड़वी बातें भी कहीं, उनकी तरफ़ की बात भी सुनी, और जब परिवार की बात आती है तो मैं हमेशा ऐसी रही जो अपने अंदर कुछ नहीं रखती।

मैं बोलती भी हूँ और सुनती भी हूँ।

ज़िंदगी के हर हिस्से की तरह, यहाँ भी मेहनत ज़रूरी है।

जिससे आपका कोई मसला है, उसके साथ आमने-सामने बैठकर खुलकर बात कर लेना ही अपना सबसे बेहतर रूप बनने के लिए सबसे अच्छी चीज़ है।

जैसा मेरे पिता हमेशा कहते थे, **"मन में रखने से मन मैला होता है।"**

सीधे शब्दों में, **जब हम अपनी भावनाओं को अंदर ही दबाए रखते हैं, तो हमारा दिल अनुमानों, नाराज़गी और दर्द से भारी हो जाता है।**

इज़्ज़त के साथ बोलिए। सब्र के साथ सुनिए। ईमानदारी के साथ अपनी बात कहिए।

ज़्यादातर रिश्ते इसलिए नहीं टूटते कि लोग परवाह करना बंद कर देते हैं। वे इसलिए टूटते हैं क्योंकि लोग बात करना बंद कर देते हैं।

मैं सब कुछ क्यों नहीं पा सकती ?

आज उन दिनों में से एक था जब आप चाहे कितना भी काम कर लें, फिर भी लगता है कि आप और कर सकते थे।

इन सालों में मैंने एक ज़रूरी बात सीखी है: **सिर्फ़ इसलिए कि आप एक चीज़ करना चुनते हैं, इसका मतलब यह नहीं कि आपको बाक़ी सब छोड़ना पड़े।** फिर भी हम ख़ुद को तरह-तरह की कहानियाँ सुनाते हैं।

सालों तक मैं ख़ुद से कहती रही कि लिखना तब शुरू करूँगी जब मेरे पास सारी फ़ुर्सत होगी। इसी सोच की वजह से मैं उन चीज़ों को टालती रही जो मेरे लिए सच में मायने रखती थीं। फिर एक दिन मैंने ख़ुद से एक सीधा सवाल पूछा: कब तक? **हमारे पास सच में ऐसी क्या गारंटी है कि कल आएगा ही? अगर हमें नहीं पता कि कल क्या होगा, तो हम हर ज़रूरी चीज़ को भविष्य में क्यों डालते रहते हैं?** कभी हम सही मौसम का इंतज़ार करते हैं, कभी सही शेड्यूल का, कभी सही हालात का। और जब तक हम इंतज़ार करते हैं, ज़िंदगी चुपचाप आगे बढ़ती रहती है।

मैंने एक बार कुछ पढ़ा था जो मेरे साथ रह गया:

"प्लान ऐसे करो जैसे तुम 100 साल जीने वाले हो, पर जियो ऐसे जैसे यह तुम्हारा आख़िरी दिन हो।"

पढ़ने में यह प्रेरणादायक लगता है।

पर क्या हम सच में वैसे जीते हैं? ज़्यादातर दिन तो नहीं।

फिर भी मुझे लगता है कि यही ज़िंदगी की ख़ूबसूरती है। हर दिन हमें एक और मौका देता है कि कल को आज से बेहतर बनाएँ। मेरा मानना है कि ज़िंदगी पूरी तरह जीने के लिए है। अपना सर्वश्रेष्ठ देने के लिए। उन चीज़ों को आज़माने के लिए जो मायने रखती हैं। सिर्फ़ प्लान बनाने के बजाय यादें बनाने के लिए। कल के लिए हमारे पास कोई गारंटी कार्ड नहीं है। हम सब यह सच जानते हैं, फिर भी अक्सर इसे मुश्किल तरीक़े से ही सीखते हैं।

तो मेरा निष्कर्ष सीधा है: सब कुछ कीजिए। किताब लिखिए। बिज़नेस शुरू कीजिए। सफ़र पर जाइए। वह बातचीत कीजिए। वह हुनर सीखिए। पूरी तरह तैयार महसूस करने से पहले ही शुरू कर दीजिए। आपके पास एक ज़िंदगी है। जो भी आपको सच में पसंद है, वह कीजिए — बशर्ते आपकी नीयत सही हो, आपका दिल साफ़ हो, और आपके इरादे सच्चे हों। वही कीजिए जो आपको सच में पसंद है। क्योंकि कभी-कभी सबसे बड़ा पछतावा नाकाम होना नहीं होता। वह कभी शुरू ही न करना होता है।

तो ख़ुद से पूछिए:

वह एक कौन-सी चीज़ है जिसे आप टालते आ रहे हैं, और सही वक़्त का इंतज़ार कर रहे हैं कि तभी शुरू करेंगे?

सच यह है कि सही वक़्त शायद ही कभी आता है।

चाहे वह आपकी सेहत सुधारना हो, कोई रिश्ता ठीक करना हो, बिज़नेस शुरू करना हो, किताब लिखनी हो, कोई नया हुनर सीखना हो, या बस ख़ुद का एक बेहतर रूप बनना हो — पर

तरक्की उसी पल शुरू होती है जब आप पहला कदम उठाने का फ़ैसला करते हैं।

छोटा शुरू कीजिए, पर शुरू कीजिए।

मेहनत कीजिए, तब भी जब नतीजे अभी दिख न रहे हों।

प्रेरणा (motivation) का इंतज़ार मत कीजिए।

आत्मविश्वास का इंतज़ार मत कीजिए।

सही हालात का इंतज़ार मत कीजिए।

क्योंकि एक दिन या तो आपके पास आपकी मेहनत के नतीजे होंगे, या आपके बहानों का पछतावा।

चुनाव आपका है।

आप सारी चीज़ें एक साथ सँभाल सकते हैं।

किसी एक को शुरू करने के लिए दूसरी को छोड़ना ज़रूरी नहीं है।

आज ही शुरू कीजिए।

परफ़ेक्शन क्यों ?

बचपन से ही मैंने किताबों, फ़िल्मों और कहानियों में हमेशा परफ़ेक्ट किरदार देखे हैं। मुख्य किरदार हमेशा हर चीज़ सही करता हुआ दिखता था। मैं सोचा करती थी: क्या ये कभी कुछ ग़लत नहीं करते?

क्या ये कभी जानबूझकर या अनजाने में कोई ग़लती नहीं करते?

क्या इनके मन में कभी उलझी हुई सोचें नहीं आतीं?

क्या इन्हें कभी शक नहीं होता? क्या इन्हें हमेशा साफ़ पता होता है कि इन्हें क्या चाहिए?

क्या इन्हें ज़िंदगी को लेकर कभी उलझन नहीं होती?

क्या इनमें हर एक दिन सामने आने की ऊर्जा और ताक़त हमेशा होती है?

ये सवाल मैंने लंबे समय तक अपने साथ ढोए। पर जैसे-जैसे मैं बड़ी हुई और ज़िंदगी में छोटी-छोटी कामयाबियाँ हासिल करने लगी, धीरे-धीरे मुझे अपने जवाब मिलने लगे। कभी जवाब हाँ होता। कभी जवाब ना होता। पर मुझे एक ज़रूरी बात समझ आई: ज़िंदगी परफ़ेक्ट जवाब ढूँढने के बारे में नहीं है।

ज़िंदगी मुश्किल रातों के बाद बार-बार उठ खड़े होने के बारे में है। यह खुशी के दौर में और दुख के दौर में, दोनों में आगे बढ़ते रहने

के बारे में है। **यह तब भी सामने आने के बारे में है जब आप ख़ुद को लेकर अनिश्चित महसूस करते हों।**

कुछ दिन ऐसे होते जब मुझे लगता कि मैं दुनिया बदल सकती हूँ। और कुछ दिन ऐसे भी होते जब मैं मुश्किल से बिस्तर से उठ पाती। कुछ दिन जब सब कुछ साफ़ लगता। और कुछ दिन जब कुछ भी समझ नहीं आता।

जो मैंने सीखा वह यह है कि दोनों ही रूप सामान्य हैं। दोनों ही रूप इंसानी हैं। कोई भी परफ़ेक्ट नहीं है। न किताबों के लोग। न फ़िल्मों के लोग। न वे लोग जिनकी हम तारीफ़ करते हैं। और निश्चित रूप से हम भी नहीं।

परफ़ेक्शन एक भ्रम है जो अक्सर हमें अटकाए रखता है। तरक्की ही असल में हमारी ज़िंदगी बदलती है। इसलिए जब चीज़ें प्लान के मुताबिक़ न हों, तो इसका यह मतलब मत निकालिए कि आपमें कोई कमी है।

आगे बढ़ते रहिए। सीखते रहिए। बढ़ते रहिए। क्योंकि आपकी कहानी अभी ख़त्म नहीं हुई। यह आपका अंत नहीं है।

जैसा मैंने कहीं पढ़ा था:

"अगर यह आपके हिसाब से नहीं हो रहा, तो शायद यह भगवान के बड़े प्लान के हिसाब से हो रहा है।"

और यक़ीन मानिए, एक ऐसी इंसान होने के नाते जिसने बिज़नेस और ज़िंदगी ज़ीरो से खड़ी की, मैं इस एहसास को अच्छी तरह जानती हूँ।

ऐसे अनगिनत दिन थे जब चीज़ें मेरे प्लान के मुताबिक़ नहीं हुईं। सच कहूँ तो, करीब 80% समय हक़ीक़त मेरी कल्पना से अलग दिखती थी।

पर इन सालों में मुझे एक बात समझ आई।

मैं ज़िंदगी नाम के इस खेल की एक खिलाड़ी हूँ।

नियम मैंने नहीं बनाए।

मैं हर नतीजे को क़ाबू में नहीं रखती।

मैं हर मोड़ तय नहीं करती।

जो मैं तय करती हूँ, वह यह है कि मैं सामने आऊँ और खेलूँ या नहीं।

तो मैं सामने आती रहती हूँ।

कुछ दिन मैं जीतती हूँ।

कुछ दिन मैं सीखती हूँ।

कुछ दिन मैं बस गुज़ारा कर लेती हूँ।

पर मैं चलती रहती हूँ।

ख़ुद से पूछिए: क्या आप किसी फ़िल्म का परफ़ेक्ट किरदार बनने की कोशिश कर रहे हैं?

या आप ऐसे इंसान बन रहे हैं जो अपने आप को पूरी तरह अपनाता है — अपनी कमियों, ग़लतियों, सबक़ों, तरक्की, सब के साथ?

क्या सबका मुझे समझना ज़रूरी है?

आज सुबह मेरी आँख अपने छोटे भाई के लगातार आते फ़ोन से खुली। मुझे बहुत झुँझलाहट हुई, क्योंकि आम तौर पर सुबह मेरा शांत वक़्त होता है। मुझे जागते ही फ़ोन छूना पसंद नहीं। फिर मुझे याद आया — पिछले दिन मैंने यूँ ही अपनी माँ को कहा था कि मुझे अपने गाँव की उस एक दुकान का खाना पसंद है। अगली ही सुबह उन्होंने मेरे भाई को उसी जगह से मेरे लिए खाना लाने भेज दिया, और वह यही पूछने के लिए फ़ोन कर रहा था कि भेजूँ क्या।

अचानक मुझे उस कॉल के लिए बहुत कृतज्ञता महसूस हुई। **इसने मुझे याद दिलाया कि हम सबकी ज़िंदगी में कुछ ख़ास लोग होते हैं — शायद चार या पाँच — जिनके शब्द हमारे लिए सच में मायने रखते हैं, और हम उनके लिए बहुत मायने रखते हैं।**

हमारे मुँह से निकला हर शब्द उनके लिए ज़रूरी होता है। वे हमें कभी हल्के में नहीं लेते। और फिर भी, ज़िंदगी में ऐसे लोगों के होते हुए भी, हम बाक़ी सबसे मंज़ूरी पाने में इतना वक़्त बिता देते हैं। आख़िर क्यों?

बड़े होते हुए, मैं हमेशा वही बच्ची थी जो ज़्यादातर वक़्त घर से दूर रहती थी और अक्सर लोगों को खुश करने वाली थी।

मुझे हॉस्टल के दिनों का एक दिन याद है जब मैं भूखी थी और मेरे पास सिर्फ़ एक मैगी का पैकेट था। किसी ने मुझसे वह माँग लिया क्योंकि उसे ज़रूरत थी, और मैंने अपना दे दिया। उस वक़्त मुझे एहसास नहीं हुआ, पर मैं हमेशा दूसरों को खुश करके मंज़ूरी ढूँढती थी।

ज़िंदगी में पहले मुझे लगता था कि सबको मुझे पसंद करना चाहिए। मुझे यक़ीन था कि अगर लोग मुझे समझ लें, तो सब ठीक हो जाएगा। पर बड़े होने ने मुझे एक ज़रूरी बात समझाई:

सच में जो लोग मायने रखते हैं, वे वही हैं जो हमें समझते हैं। वे जो छोटी-छोटी बातें याद रखते हैं। वे जो हमें बिना हर चीज़ समझाए ही समझ जाते हैं।

परिवार में सबसे बड़ी होने के नाते, मैंने अपने संघर्ष कभी किसी से ज़्यादा साझा नहीं किए। आम तौर पर मैं ही सुनने वाली होती थी। मैं ही बाक़ी सबका सहारा बनती थी। सिवाय मेरे पार्टनर के — वह मेरा अच्छा, मेरा बुरा, और लगभग पूरा मुझे जानता है। पर इसके बावजूद, मेरी माँ हमेशा भाँप लेती थीं कि कुछ गड़बड़ है। उन्हें किसी तरह पता चल जाता कि मैं किस दौर से गुज़र रही हूँ।

अगर हमारी ज़िंदगी में पहले से तीन-चार लोग हैं जो हमें सच में देखते हैं, तो फिर पूरी दुनिया से मंज़ूरी पाने में इतनी ऊर्जा क्यों लगाएँ? क्यों न बस सही काम करते रहें और आगे बढ़ते रहें? क्योंकि जो लोग सच में मायने रखते हैं, वे हमें समझ लेंगे।

और शायद इतना ही काफ़ी है। हर कोई आपका सफ़र नहीं समझेगा। हर कोई आपके फ़ैसले नहीं समझेगा। पर जो लोग आपसे प्यार करते हैं, आपको जानते हैं, और सच में आपकी परवाह

करते हैं, वे अक्सर आपकी सोच से कहीं ज़्यादा समझते हैं। कभी-कभी कुछ सच्चे रिश्ते हज़ार अजनबियों की मंज़ूरी से ज़्यादा क़ीमती होते हैं।

ज़रा एक पल के लिए सोचिए।

अगर आपको पता चले कि आपके पास जीने के लिए सिर्फ़ एक साल बचा है तो?

पहले महीने में बहुत से लोग मिलने आएँगे। वे फ़ोन करेंगे, मैसेज करेंगे, और बताएँगे कि उन्हें कितना अफ़सोस है।

दूसरे महीने तक यह संख्या घटने लगेगी।

फिर तीसरे महीने।

फिर चौथे।

ज़्यादातर लोगों के लिए ज़िंदगी चलती रहेगी। और यह ठीक है। पर जैसे-जैसे महीने बीतेंगे, आप एक ज़रूरी बात पर ग़ौर करने लगेंगे।

कुछ लोग अब भी वहीं रहेंगे।

वे जो बिना पूछे आपका हाल लेते हैं। वे जो ख़ामोशी में आपके साथ बैठते हैं। वे जो तब भी रुकते हैं जब पाने को कुछ नहीं होता।

अब ख़ुद से पूछिए:

अगर यही वे लोग हैं जो आपके आख़िरी दिन तक आपके साथ खड़े रहेंगे, तो आज आप उनकी ज़्यादा क़द्र क्यों नहीं करते?

हम उन लोगों को खुश करने में इतना वक़्त क्यों बिताते हैं जो हमारे बारे में मुश्किल से ही सोचते हैं?

सच यह है कि आपको सबकी मंज़ूरी की ज़रूरत नहीं है।

आपको उन लोगों की क़द्र करने की ज़रूरत है जो सच में आपकी परवाह करते हैं।

उन रिश्तों में निवेश कीजिए।

उन्हें बचाइए।

उन्हें सींचिए।

उन्हें समझिए।

जब हम बड़े होते हैं तो क्या होता है?

जब हम छोटे बच्चे होते हैं, तो हमें बड़े होने का इंतज़ार रहता है। हम इतने बड़े होना चाहते हैं कि कॉलेज जा सकें, टीनएजर बन सकें, और अपनी शर्तों पर ज़िंदगी जी सकें।

जब हम आख़िरकार वही टीनएजर बनते हैं, तो अक्सर अपनी ज़िंदगी का ज़्यादातर हिस्सा आसपास के लोगों को प्रभावित करने में बिता देते हैं। सबको खुश करने की एक तेज़ चाहत होती है, ना कह पाने में दिक़्क़त होती है, और हमेशा कूल दिखने का दिखावा रहता है।

मुझे अपने स्कूल के दिन याद हैं, ख़ासकर 10वीं और 11वीं के।

मुझे अपनी माँ से शर्मिंदगी होती थी क्योंकि वे हमेशा सादे, गाँव वाले ढंग के कपड़े पहनती थीं।

फिर मैंने कॉलेज में क़दम रखा, और बाद में नौकरी शुरू की और अपना बिज़नेस बनाने लगी।

धीरे-धीरे, जो चीज़ें कभी मुझे शर्मिंदा करती थीं, वही चीज़ें मैं अपनाने लगी।

आज मैं बस यही सोचती हूँ कि मेरी माँ ने मुझे इतने अच्छे से कैसे पाला। वे कितनी मज़बूत हैं। कितनी दयालु हैं। कितनी

कमाल की हैं। मैं उनके बारे में बात करने का एक भी मौका नहीं छोड़ती। आज मैं गर्व से कह सकती हूँ कि अगर मैं उनके 1% जितनी भी बन जाऊँ, तो दुनिया के सबसे खुश लोगों में से एक हो जाऊँगी।

उम्र के साथ मुझे जो एहसास हुआ वह यह है कि हम सब ख़ुद के समझदार रूप बन जाते हैं।

हम सिर्फ़ दूसरों को प्रभावित करने के लिए जीना बंद कर देते हैं और मायने के साथ जीना शुरू कर देते हैं।

अब बाहर का शोर हमें उतना परेशान नहीं करता।

मुझे लगता है उम्र और अनुभव के साथ स्पष्टता आती है।

जब मैं घर से दूर गई, तो मैंने उन चीज़ों की क़द्र करना शुरू किया जिन्हें मैं हमेशा हल्के में लेती थी — माता-पिता का पास होना, घर का बना खाना, और साथ बिताए सादे पल।

ये हमारे पास मौजूद सबसे बड़े आशीर्वादों में से कुछ हैं। उम्र के साथ मैं अपना एक शांत रूप बन गई।

बड़े होना कभी-कभी हमें अपने सपनों पर कम यक़ीन करने पर मजबूर कर देता है।

जब हम बच्चे थे, तो हम अंतरिक्ष यात्री, पायलट, उद्यमी, कलाकार और खोजकर्ता बनना चाहते थे। हमें यक़ीन था कि कुछ भी मुमकिन है। फिर ज़िंदगी आई। ज़िम्मेदारियाँ आईं। नाकामियाँ हुईं। लोगों ने हमसे कहा कि हक़ीक़त में जियो।

और अपने बीस और तीस के बीच कहीं, हममें से कई लोगों ने उतने बड़े और निडर सपने देखना बंद कर दिया जितने कभी देखते थे। हम ख़ुद को यक़ीन दिलाने लगे कि हमारे सपने बहुत बड़े हैं।

पर शायद बड़े होने का मतलब कभी कम सपने देखना था ही नहीं।

शायद इसका मतलब था ज़्यादा समझदारी से सपने देखना।

आपका सबसे बेहतर रूप वह बच्चा नहीं है जिसे ज़िंदगी के बारे में कुछ नहीं पता था।

न ही वह वयस्क है जो पूरी तरह निराश और कड़वा हो चुका है।

आपका सबसे बेहतर रूप इन दोनों का मेल है।

आपके अंदर का वह बच्चा जो मानता है कि कुछ भी मुमकिन है। और आपके अंदर का वह समझदार वयस्क जिसे अब किसी को प्रभावित करने की ज़रूरत नहीं। एक आपको उम्मीद देता है। दूसरा आपको नज़रिया देता है। दोनों मिलकर आपको ऐसी ज़िंदगी बनाने की हिम्मत देते हैं जो सच में आपकी अपनी हो।

तो बड़े होते हुए अपने बचपन वाले रूप को मत खोइए।

उसे अपने साथ ले चलिए।

बस उसके सपनों में थोड़ी समझदारी जोड़ दीजिए।

रोल मॉडल और हीरो: असली वाले

हम सबके मन में हीरो होते हैं। जब मैं छोटी थी, मैं रानी लक्ष्मीबाई, महात्मा गांधी, स्वामी विवेकानंद और कई दूसरे लोगों की जीवन-कहानियाँ पढ़ा करती थी। मुझे लगता था कि अगर ये सारे गुण मेरे अंदर होते, तो मैं भी उनके जैसी बन जाती।

और शायद मैं पूरी तरह ग़लत नहीं थी। पर एक बात **जो मुझे समझ आई, वह यह है कि असली हीरो और सबसे गहरी प्रेरणा ज़्यादातर मेरे अपने घर से ही आई।**

मेरे भाई ने मुझे हमेशा ढेर सारी किताबें पढ़ने के लिए प्रेरित किया। शायद यही वजह है कि आज मैं एक किताब लिख रही हूँ। उन्होंने हमेशा ज़िंदगी में मेरे फ़ैसलों का साथ दिया और मुझे आगे बढ़ते रहने का हौसला दिया। मेरे पिता, जिन्होंने हमारे लिए ज़िंदगी भर इतनी मेहनत की और हमेशा चेहरे पर मुस्कान रखी, उन्होंने मुझे दयालु बनना और ज़िंदगी की हर चीज़ में अच्छाई ढूँढना सिखाया।

मेरे पार्टनर, जिन्होंने मेरी हर कहानी बिना किसी फ़िल्टर के सुनी और मेरी ज़िंदगी का सबसे बड़ा सहारा बने, हर दौर में मेरे लिए ख़ुश हुए और हर वक़्त मेरे पीछे खड़े रहे।

मेरी माँ, जिन्हें अच्छे और बुरे, दोनों वक़्तों में, बिना मेरे बताए ही हमेशा पता होता था कि मुझे क्या सुनने की ज़रूरत है — उन्होंने मुझे दिखाया कि बेशर्त सहारा कैसा होता है। उन्होंने मुझे निडर होकर सपने देखना और हिम्मत के साथ जीना सिखाया। और पापा ने हमेशा अनुशासन और निरंतरता दिखाकर सिखाया।

मेरी बहन, जिसने अच्छे और बुरे, हर दौर में मेरा साथ दिया, जब भी मुझे ताक़त की ज़रूरत होती, मुझे प्रेरित करती।

मेरा मानना है कि ज़िंदगी में हम जो ढूँढ रहे होते हैं, वह अक्सर हमारे अपने परिवार और घर में पहले से मौजूद होता है। अगर हम बस अपने आसपास देखें, तो हमें वे लोग दिख जाएँगे जो चुपचाप हमें वह बनाते हैं जो हम बनते हैं।

मैंने हमेशा यही किया।

उन्होंने ज़िंदगी के हर दौर में मेरी मदद की, और मैं बहुत आभारी हूँ। कभी-कभी हम सालों दूर-दूर हीरो ढूँढते रहते हैं, और फिर एहसास होता है कि जिन्होंने हमसे प्यार किया, हमें राह दिखाई, हम पर यक़ीन किया, और हमारे साथ खड़े रहे — असली हीरो तो हमेशा से वही थे।

हममें से ज़्यादातर लोग सालों सोशल मीडिया पर, किताबों में, फ़िल्मों में, और कामयाब लोगों की कहानियों में रोल मॉडल ढूँढते रहते हैं।

इसमें कुछ ग़लत नहीं है।

पर कभी-कभी हम दूर देखने में इतने मगन हो जाते हैं कि अपने ठीक बगल में खड़े लोगों की क़द्र करना भूल जाते हैं।

कुछ हीरो बस वही माता-पिता होते हैं जिन्होंने कभी हार नहीं मानी।

हर हीरो का कोई बड़ा नाम नहीं होता।

हर हीरो मशहूर नहीं होता।

अपने आसपास देखिए।

अपने घर में आपको कौन-सी सबसे अच्छी चीज़ें दिखती हैं?

उन गुणों की एक सूची बनाना शुरू कीजिए और उन गुणों को अपने अंदर उतारिए।

आप इन लोगों को पहले से जानते हैं, इसलिए उनकी मिसाल पर चलना आसान होगा।

और कौन जाने?

एक दिन शायद आप भी किसी और के लिए प्रेरणा बन जाएँ, ठीक वैसे ही जैसे वे आपके लिए प्रेरणा बने।

ताक़त घर से आती है

जब मैं पहली बार घर से दूर गई, तो मुझे लगा कि मैं अपने साथ कपड़े, किताबें और कुछ यादें ले जा रही हूँ। सालों बाद मुझे एहसास हुआ कि मैं इससे कहीं ज़्यादा ले गई थी।

मैं अपना घर साथ ले गई थी।

दीवारें नहीं, फ़र्नीचर नहीं।

आदतें।

मूल्य।

ज़िंदगी को देखने का नज़रिया।

मेरे बिज़नेस के सफ़र में कई बार ऐसा हुआ जब चीज़ें प्लान के मुताबिक़ नहीं हुईं।

क्लाइंट ने ना कहा, लोग साथ छोड़ गए, लक्ष्य आगे खिसक गए।

कुछ दिन ऐसे थे जब मैंने ख़ुद पर सवाल उठाए।

पर किसी तरह मैं ज़्यादा देर तक गिरी नहीं रही।

और आज जब मैं इसके बारे में सोचती हूँ, तो एहसास होता है कि वह ताक़त जादू से नहीं आई।

मैंने उसे बड़े होते हुए देखा था।

मैंने इसे अपने पिता में देखा जो हर दिन काम पर जाते थे, चाहे उनका मन हो या न हो।

मैंने इसे अपनी माँ में देखा जो सैकड़ों ज़िम्मेदारियाँ सँभालती थीं और कभी उसे बोझ जैसा नहीं दिखने देती थीं।

मैंने इसे अपने परिवार में देखा जो बहानों के बजाय ज़िम्मेदारी चुनता था।

बच्चों के रूप में हम सोचते हैं कि हमारे माता-पिता बस वही कर रहे हैं जो माता-पिता को करना चाहिए।

बड़े होकर हमें एहसास होता है कि असल में उसमें कितनी ताक़त लगती है।

हममें से कई लोग कामयाब करियर, बिज़नेस और रिश्ते बनाने की कोशिश कर रहे हैं।

पर अगर ग़ौर से देखें, तो कामयाबी के लिए ज़रूरी कुछ गुण हमें पहले से ही घर में सिखाए जा चुके थे।

अनुशासन। सब्र। इज़्ज़त। मेहनत।

तब भी चलते रहने की क़ाबिलियत जब कोई आपके लिए ताली न बजा रहा हो।

ये सब मैंने सिर्फ़ किताबों से नहीं सीखे।

मैंने इन्हें अपने आसपास के लोगों को देखकर सीखा।

मज़ेदार बात यह है कि जब हम जवान होते हैं, तो हम अपने माता-पिता से अलग बनना चाहते हैं। जैसे-जैसे हम बड़े होते हैं, हम धीरे-धीरे उन्हीं गुणों की क़द्र करने लगते हैं जिन्होंने उन्हें वह बनाया जो वे हैं।

आज, जब लोग मेरी तारीफ़ करते हैं कि मैं निरंतर, ख़्याल रखने वाली, या दृढ़ हूँ, तो मुझे पता है कि ये गुण मुझसे शुरू नहीं हुए।

ये बहुत पहले उन लोगों ने बोए थे जिन्होंने मुझे पाला।

शायद इसीलिए घर इतनी ताक़तवर जगह है। क्योंकि दुनिया हमें यह सिखाए कि किसको बनना है, उससे बहुत पहले, घर हमें यह सिखाता है कि कैसे बनना है।

तो मैं आपसे एक बात पूछती हूँ।

जिन लोगों ने आपको पाला, उन्हें देखकर — वह एक कौन-सा गुण है जो उनमें है और जिसे आप अपनी ज़िंदगी में आगे ले जाना चाहते हैं?

भाग **2**

ज़िंदगी आपसे सवाल करने लगती हैं

पुराने नियम काम करना बंद कर देते हैं।

कभी-कभी काबू खोना अच्छा होता है

क्या आपके साथ कभी ऐसे दिन आए हैं जब आप बहुत अच्छे इरादों के साथ शुरुआत करते हैं, पर आख़िर में चीज़ें वैसी नहीं होतीं जैसी आप चाहते हैं? मेरे साथ ऐसे पल एक से ज़्यादा बार आए हैं, और कुछ वक़्त तक तो इन्होंने मुझे सोचने पर मजबूर कर दिया, "क्या सिर्फ़ मैं ही ऐसी हूँ?"

जवाब है—नहीं।

न सिर्फ़ मैं ऐसी हूँ, और न ही सिर्फ़ आप।

ज़िंदगी हर एक चीज़ को परफ़ेक्ट बनाने के बारे में नहीं है। मुझे लगता है ज़िंदगी उन पलों के लिए जीने के बारे में है जो आपको यह एहसास कराते हैं कि आप कितने ख़ुशनसीब हैं कि आपके अपने लोग आपके आसपास हैं। यह उन फ़ैसलों को लेने के बारे में है जो हमने कभी नहीं लिए, उन चीज़ों को आज़माने के बारे में जो हमने कभी नहीं आज़माईं, और ख़ुद को ज़िंदगी जीने देने के बारे में—बजाय उसे लगातार काबू में रखने के। मेरा मानना है कि यहाँ हमारा वक़्त बहुत कम है, इसलिए हम इसके हक़दार हैं कि हर दिन को पूरी तरह जिएँ, ख़ूबसूरत पल बटोरें, और वही करें जो हमें सच में पसंद है। यही एहसास है जिसने इन दिनों मुझे ज़्यादा शांत बना दिया है।

लंबे समय तक मुझे लगता था कि सुकून तब आएगा जब आख़िरकार सब कुछ परफ़ेक्ट तरीक़े से ठीक हो जाएगा। पर मैंने जो पाया वह यह था कि सुकून अक्सर तब आता है जब हम ज़िंदगी से परफ़ेक्शन की माँग करना बंद कर देते हैं।

मैं अपने सबसे बुरे दिनों के 100% हिस्से को पहले ही पार कर चुकी हूँ। हर चीज़ का हल अभी इसी वक़्त निकालना ज़रूरी नहीं है। मेरी मौजूदगी मेरे प्रदर्शन से ज़्यादा क़ीमती है।

हर चीज़ को हल की ज़रूरत नहीं होती। कुछ चीज़ें तो बस महसूस करने, देखने, समझने, या थोड़ी और नरमी से साथ लिए चलने के लिए होती हैं।

मैं परफ़ेक्ट होने की चाह को छोड़ना सीख रही हूँ। मैं उन चीज़ों को काबू में करने की बेचैनी छोड़ना सीख रही हूँ जो मेरे हाथ में हैं ही नहीं। मैं अपने आसपास के हर इंसान से मंज़ूरी ढूँढना बंद करके ख़ुद के लिए चीज़ें करना सीख रही हूँ। यही एक वजह है कि मैंने लिखना शुरू किया।

कभी-कभी काबू खोना इस बात की निशानी नहीं होता कि ज़िंदगी बिखर रही है। कभी-कभी यह इस बात की निशानी होता है कि ज़िंदगी हमें भरोसा करना सिखा रही है। प्रक्रिया पर भरोसा। ख़ुद पर भरोसा।

अगर मैं हर चीज़ को काबू में करने की कोशिश करना छोड़ दूँ तो?

ज़रा सोचिए। जब भी ज़िंदगी प्लान के हिसाब से नहीं चलती, हमारी पहली प्रतिक्रिया अक्सर यही होती है, "मेरे साथ ही क्यों?" हम

झुँझला जाते हैं, बेचैन हो जाते हैं, और अपनी ऊर्जा हक़ीक़त से लड़ने में लगा देते हैं।

पर जब मैं अपने सफ़र को पीछे मुड़कर देखती हूँ, तो जिन पलों ने मुझे सबसे ज़्यादा गढ़ा, वे वही पल थे जिन्हें मैं काबू में नहीं कर सकती थी।

वे देरियाँ। वे निराशाएँ। वे अनचाहे मोड़। वे पल जब ज़िंदगी ने मेरे प्लान के हिसाब से चलने से साफ़ इनकार कर दिया।

और फिर भी, उन पलों ने मुझे पहले से ज़्यादा मज़बूत, समझदार और सक्षम बना दिया।

कभी-कभी मुझे कल्पना करना अच्छा लगता है कि मैं किसी फ़िल्म की मुख्य किरदार हूँ।

हर फ़िल्म में हीरो चुनौतियों का सामना करता है। चीज़ें ग़लत होती हैं। प्लान नाकाम होते हैं। लोग साथ छोड़ देते हैं। दरवाज़े बंद हो जाते हैं। पर हीरो पूरी फ़िल्म एक कोने में बैठकर यह नहीं पूछता रहता, "मेरे साथ ही ऐसा क्यों हो रहा है?"

हीरो इस पर ध्यान देता है कि आगे क्या किया जा सकता है।

अगर किसी हीरो की बेटी का अपहरण हो जाए, तो वह अगले दो घंटे क़िस्मत को कोसने में नहीं बिताता। वह अपनी हिम्मत जुटाता है, अपने पास मौजूद संसाधनों का इस्तेमाल करता है, जो सीखना ज़रूरी है वह सीखता है, और आगे का अगला कदम उठाता है। वही चुनौती उसे बदल देती है।

ज़िंदगी भी इसी तरह काम करती है। शायद आपके सामने जो हालात हैं, वे आपके साथ नहीं हो रहे। शायद वे आपके लिए हो रहे हैं।

शायद ज़िंदगी आपको सज़ा नहीं दे रही।

शायद ज़िंदगी आपको तैयार कर रही है।

हर चुनौती आपको कुछ सिखा रही है।

हर रुकावट आपके किरदार में एक नई परत जोड़ रही है।

हम सब अपनी-अपनी फ़िल्म जी रहे हैं।

और हमारी कहानी का स्तर इस बात पर निर्भर करता है कि जब चीज़ें प्लान के हिसाब से नहीं होतीं, तब हम कैसे प्रतिक्रिया देते हैं। हर दृश्य को काबू में करने की कोशिश करना छोड़ दीजिए।

अपना किरदार अच्छे से निभाने पर ध्यान दीजिए। वही कीजिए जो आपके हाथ में है।

अगर आपकी ज़िंदगी एक फ़िल्म होती, तो इस वक़्त आप किस चुनौती का सामना कर रहे होते, और आपका 'मुख्य किरदार' वाला रूप उसका जवाब कैसे देता?

क्या सब कुछ आसान है या मुश्किल?

कुछ दिन ऐसे होते हैं जब मुझे लगता है कि दुनिया में सब कुछ इतना आसान है। ऐसे दिन जब मुझे लगता है कि मैं सब कुछ कर सकती हूँ। और फिर ऐसे दिन भी आते हैं जब मैं अचानक ख़ुद पर शक करने लगती हूँ और सोचती हूँ, "क्या मैं सच में यह कर सकती हूँ?"

कुछ दिन ऐसे होते हैं जब मैं एक ही बार में कई अध्याय लिख लेती हूँ, अपना बिज़नेस सहजता से सँभाल लेती हूँ, और आत्मविश्वास के साथ ज़िंदगी में आगे बढ़ती हूँ। और फिर कुछ दिन ऐसे होते हैं जब कुछ पंक्तियाँ लिखना भी मुश्किल लगता है।

कुछ दिन बहुत आसान लगते हैं, और कुछ दिन बहुत मुश्किल।

पर मुझे लगता है कि हम किसी काम को जितना ज़्यादा टालते हैं, वह उतना ही मुश्किल होता जाता है। धीरे-धीरे, बिना एहसास हुए, हम चीज़ों को अपने मन में उनकी असलियत से कहीं बड़ा बना लेते हैं। और जब हम आख़िरकार शुरू करते हैं, तो अक्सर हमें एहसास होता है कि यह उतना मुश्किल नहीं था जितना हमने सोचा था। अगर हम कोई काम करना शुरू कर दें, तो वह धीरे-धीरे आसान होता जाता है। मैंने अपनी ज़िंदगी में बार-बार ऐसा होते देखा है।

हम अक्सर चीज़ों को आख़िरी पल तक टालते हैं। शायद यही वजह है कि वे मुश्किल लगती हैं। शायद हाँ। शायद नहीं। मैं अब भी अपने जवाब ढूँढ रही हूँ।

पर एक नियम जो मैं निभाने की कोशिश करती हूँ, वह सीधा है: **उसे तब तक करते रहो जब तक वह आसान न हो जाए। मैं यही करती हूँ।**

मुझे याद है जब मैं यह किताब लिख रही थी। सालों तक मैं ख़ुद से कहती रही कि मैं तब लिखना शुरू करूँगी जब मेरे पास ज़्यादा वक़्त होगा। फिर एक दिन मुझे एहसास हुआ कि "ज़्यादा वक़्त" अपने आप कभी आने वाला नहीं था। अध्याय इसलिए आसान नहीं हुआ कि ज़िंदगी आसान हो गई। अध्याय इसलिए आसान हुआ क्योंकि मैंने आख़िरकार शुरू कर दिया। और मुझे लगता है कि ज़िंदगी में बहुत-सी चीज़ें इसी तरह काम करती हैं। **हम कदम उठाने से पहले आत्मविश्वास का इंतज़ार करते हैं। पर कभी-कभी आत्मविश्वास कदम उठाने के बाद आता है।**

कभी-कभी मुश्किल चीज़ सिर्फ़ इसलिए आसान हो जाती है क्योंकि हम इतनी देर टिके रहे कि उसे करना सीख गए।

शायद ज़िंदगी आसान दिनों और मुश्किल दिनों में बँटी हुई नहीं है। शायद ज़िंदगी बस हमसे यह कह रही है कि दोनों तरह के दिनों में टिके रहो। **आसान दिन रफ़्तार बनाते हैं। मुश्किल दिन किरदार बनाते हैं। और दोनों ज़रूरी हैं।**

अगले अध्याय पर जाने से पहले, ख़ुद से पूछिए:

वह कौन-सी चीज़ है जो आज मुझे आसान लगती है?

शायद यह आसान लगती है क्योंकि मैंने इसे सालों तक किया है।

शायद यह आसान लगती है क्योंकि मैं तब भी टिकी रही जब यह मुश्किल थी।

शायद यह आसान लगती है क्योंकि मैंने इसे इतनी बार किया है कि अब इसके बारे में सोचना भी नहीं पड़ता।

अब ख़ुद से पूछिए:

वह कौन-सी चीज़ है जो इस वक़्त मुझे मुश्किल लगती है?

क्या ऐसा हो सकता है कि यह सिर्फ़ इसलिए मुश्किल है क्योंकि मैंने अभी इसका पर्याप्त अभ्यास नहीं किया? क्या ऐसा हो सकता है कि मैं ख़ुद से किसी चीज़ में अच्छा होने की उम्मीद कर रही हूँ, इससे पहले कि मैं ख़ुद को उसे सीखने का मौका दूँ?

याद रखिए, बहुत-सी चीज़ें जो आज आसान लगती हैं, वे कभी मुश्किल भी थीं।

तो, क्या पता वह मुश्किल चीज़ नामुमकिन न हो?

क्या पता वह बस अनजानी हो? 🩶

क्या बड़े पागलपन भरे सपने देखना अच्छा है?

ज़्यादातर वक़्त, एक मध्यमवर्गीय लड़की होने के नाते, मुझे हमेशा यही सिखाया गया कि बहुत बड़े सपने मत देखो।

पर पता नहीं कैसे, मैं किसी तरह एक बाग़ी बन गई—शायद कामयाब लोगों की बहुत सारी जीवनियाँ पढ़कर।

मैं ख़ुद से हमेशा पूछती थी: **क्यों नहीं?**

शायद इसीलिए मैं अपनी पूरी पीढ़ी में पहली लड़की थी जिसके पास यह 'मर्सिडीज़-बेंज़' वाली सोच थी।

और आज मैं यहाँ हूँ, उसी जगह बैठकर यह अध्याय लिख रही हूँ।

बड़े सपने क्यों न देखूँ? यह मेरी ज़िंदगी है। मैं सब कुछ क्यों न पाऊँ?

हाँ, बड़े सपने देखने के अच्छे हिस्से भी हैं और बुरे भी। पर जो बात लोग आमतौर पर हमें नहीं बताते, वह यह है कि जब आप बड़े सपने देखते हैं, तो लंबे समय तक लगातार आपकी परीक्षा ली जाएगी।

आप पहले टूटेंगे। **आप बड़े सपने देखने का यह सफ़र उत्साह से शुरू करते हैं, पर धीरे-धीरे, जब आप देखते हैं कि इसके लिए आपको क्या बनना पड़ेगा—ख़ुद का नया रूप—तब शायद आप डर जाएँ।**

तब क्या होता है? अचानक हमें लगता है कि पहले हमारी जो शांत ज़िंदगी थी, वही बेहतर थी।

पर मेरा सवाल है: इसमें मज़ा क्या है? ख़ुद के उसी पुराने रूप में बने रहने में मज़ा क्या है?

अपने हर हिस्से को, अपने स्वभाव को, इतना क्यों न बदल डालें कि आप ख़ुद को पहचान भी न पाएँ?

और जब आप उन पागलपन भरे सपनों को साकार होते देखने लगते हैं, तो आप ख़ुद को इतना सशक्त महसूस करते हैं कि आपको एहसास होता है कि आप सब कुछ पा सकते हैं।

जब लोग कहते हैं कि **"आपकी ज़िंदगी आपके प्रमुख विचारों का नतीजा है,"** तो इसका मतलब यह नहीं कि हर विचार जादुई तरीक़े से हक़ीक़त बन जाता है।

इसका मतलब है कि जिन विचारों को आप सबसे ज़्यादा दोहराते हैं, वे धीरे-धीरे आपके कामों, आपके फ़ैसलों, और दुनिया को देखने के आपके नज़रिए को प्रभावित करते हैं।

ज़रा दो ऐसे लोगों की कल्पना कीजिए जो बिज़नेस शुरू करना चाहते हैं। पहला इंसान बार-बार यही सोचता रहता है:

"अगर मैं नाकाम हो गया तो?"

"अगर लोग मुझ पर हँसे तो?"

"अगर मेरे पैसे डूब गए तो?"

क्योंकि ये विचार उसके मन पर हावी रहते हैं, वह हिचकिचाता है, टालता है, ज़रूरत से ज़्यादा सोचता है, और शायद ही कभी कोई कदम उठाता है।

दूसरा इंसान भी डर महसूस करता है, पर उसका प्रमुख विचार यह होता है:

"अगर यह कामयाब हो गया तो?"

"मैं इससे क्या सीख सकता हूँ?"

"चलो आज एक कदम उठाता हूँ।"

उन विचारों की वजह से, वह फ़ोन करता है, लोगों से मिलता है, नए हुनर सीखता है, और आगे बढ़ता रहता है।

कुछ साल बाद, उनकी ज़िंदगियाँ बिल्कुल अलग दिखती हैं।

इसलिए नहीं कि एक इंसान ज़्यादा ख़ुशनसीब था।

बल्कि इसलिए कि उनके प्रमुख विचारों ने अलग-अलग काम पैदा किए, और अलग-अलग कामों ने अलग-अलग नतीजे पैदा किए।

मैंने यह अपनी ज़िंदगी में देखा है।

जब मेरे प्रमुख विचार इस पर टिके होते थे कि क्या ग़लत हो सकता है, तब मैं ख़ुद को अटका हुआ महसूस करती थी।

जब मेरे प्रमुख विचार तरक्की, संभावनाओं, और इस पर टिक गए कि मैं आगे क्या कर सकती हूँ, तब मुझे हर तरफ़ मौके दिखने लगे।

दुनिया रातों-रात नहीं बदली। मेरी सोच बदली। और धीरे-धीरे, मेरी ज़िंदगी ने उसका अनुसरण किया।

शायद इसीलिए यह ज़रूरी है कि हम हर दिन ख़ुद से होने वाली बातचीत पर ध्यान दें। **क्योंकि आज के विचार अक्सर कल की हक़ीक़त बन जाते हैं।**

हम सबके अंदर बहुत ताक़त है। इसका मतलब है कि मैं अपने अंदर की सारी बुराई को छोड़कर अपनी ज़िंदगी में सारी अच्छाई पैदा कर सकती हूँ।

मैं अपने सपनों को छोटा क्यों करूँ, जब मैं ख़ुद के नज़रिए को बड़ा करके सब कुछ पा सकती हूँ?

इतना तार्किक होने में क्या मज़ा कि वह मेरे सपनों को ही मार डाले?

जादुई क्यों न बनें?

कभी-कभी सबसे बड़ा सपना इस बारे में नहीं होता कि आप क्या हासिल करते हैं; यह इस बारे में होता है कि उसका पीछा करते हुए आप क्या बन जाते हैं।

हमारी कमज़ोरियाँ ही हमारी ताक़त भी हैं

आज, जब मेरे पास थोड़ा फुर्सत का वक़्त था, मैं शांति से बैठी थी, और अचानक मेरा दिमाग़ ख़ुद के लिए काम ढूँढने लगा—यह सोचने लगा कि पूरे दिन क्या करूँ।

मेरे पति ने मेरी तरफ़ देखा और हँसते हुए पूछा कि मैं इतने शांत पल में भी इतना क्यों सोच रही हूँ। शायद वे सही थे। मुझे हमेशा कुछ न कुछ करने या अपने मन में कुछ न कुछ सोचने की बेचैनी रहती है।

क्या यह अच्छी बात है? क्या यह बुरी बात है? मुझे नहीं पता।

पर फिर मुझे एहसास होने लगा कि अगर मैं लगातार सोच न रही होती, तो शायद मुझमें लोगों और अपने आसपास की चीज़ों को इतनी गहराई से समझने की ताक़त विकसित न होती।

और शायद मैं अपनी ज़िंदगी के लिए बड़े सपने भी न देख पाती।

तो, क्या यह सोचना बुरा है या अच्छा?

हाँ, मुझे हर चीज़ में एक संतुलन ढूँढना पड़ा, क्योंकि किसी भी चीज़ की अति अच्छी नहीं होती। तो मैंने सीखा कि बड़ी चीज़ों की कल्पना करते हुए भी इस पल में मौजूद कैसे रहूँ।

मेरा मानना है कि ज़िंदगी ऐसी ही होनी चाहिए।

हम कभी-कभी ख़ुद को बदलने में इतने लगे रहते हैं कि **हम भूल जाते हैं कि हमारी कमज़ोरी भी हमारी ताक़त बन सकती है—यह इस पर निर्भर करता है कि हम उसका इस्तेमाल कैसे करते हैं।** यह बिल्कुल वैसे ही है जैसे प्रकृति में संतुलन होता है। हम सबको अपने नकारात्मक पहलुओं को अपने सकारात्मक पहलुओं से संतुलित करना होता है।

मैं ख़ुद को 100% स्वीकार करती हूँ, और शायद इसीलिए मैंने धीरे-धीरे, एक-एक कदम करके छोटी-छोटी चीज़ें करना शुरू किया।

हम सबमें वे गुण हैं जो कामयाब होने के लिए ज़रूरी हैं। हमें बस उन गुणों का रोज़ अभ्यास करना है।

कभी ख़ुश चेहरे के साथ तो कभी उदास चेहरे के साथ, पर हम आगे बढ़ते रहते हैं। और मेरा मानना है कि ज़िंदगी में हर नकारात्मक चीज़ आख़िरकार किसी सकारात्मक चीज़ की ओर ले जाती है।

शायद हमारी सबसे बड़ी ताक़त कमज़ोरी का न होना नहीं है, बल्कि अपने हर हिस्से का समझदारी से इस्तेमाल करने की हिम्मत है।

हम अक्सर थका हुआ क्यों महसूस करते हैं?

क्या आपने ग़ौर किया है कि कुछ दिन ऐसे होते हैं जब शायद हम बहुत कम काम करते हैं, और फिर भी दिन के आख़िर तक थक जाते हैं?

और फिर कुछ दिन ऐसे होते हैं जब हम इतना सारा काम करते हैं, और उसके बाद भी हमारे पास कुछ और करने के लिए काफ़ी ऊर्जा बची रहती है।

शायद थका हुआ महसूस करने की वजह यह है कि उस दिन हम वह नहीं कर रहे होते जो हमें सच में पसंद है।

हमारी ज़िंदगी में कुछ चीज़ें ऐसी होती हैं जो हमें ऊर्जा देती हैं, और कुछ ऐसी जो ऊर्जा छीन लेती हैं।

मेरे लिए, पढ़ना, लिखना, और अपने अपनों से बात करना मुझे बहुत ऊर्जा देते हैं और यह एहसास कराते हैं कि मैं और करना चाहती हूँ। तो हम सब अपने दिन की शुरुआत और अंत किसी ऐसी चीज़ से क्यों न करें जो हमें करना पसंद है? उन सारी चीज़ों को ढूँढने की कोशिश कीजिए जो आपको शानदार महसूस कराती हैं, और उन्हें ज़्यादा कीजिए।

मैं यह नहीं कह रही कि आप अपना काम या ज़िम्मेदारियाँ करना बंद कर दें। वह कीजिए।

पर पहले ख़ुद को वह ऊर्जा दीजिए जो आपको कामयाब होने में मदद करती है, ताकि आप उन क्षेत्रों में सिर्फ़ काम करने के बजाय असरदार हो सकें। **आज मैंने एक लेख पढ़ा जिसमें कहा गया था कि अरबपति बहुत ज़्यादा भागदौड़ नहीं करते। वे उन कुछ चीज़ों पर ध्यान देते हैं जो सबसे ज़्यादा मायने रखती हैं, अपनी ज़िंदगी से ग़ैरज़रूरी शोर और ड्रामा हटा देते हैं, और अपनी ऊर्जा को वहाँ लगाकर बेहतर बनते हैं जहाँ उसका सबसे ज़्यादा असर होता है।**

आइए, बस व्यस्त रहने के बजाय असरदार बनें। हम जितना ज़्यादा उन चीज़ों से जुड़े रहते हैं जो हमें ऊर्जा देती हैं, उतना ही कम थका हुआ महसूस करते हैं। ऊर्जा सिर्फ़ आराम के बारे में नहीं है; यह मक़सद, ख़ुशी, और उन चीज़ों को करने के बारे में भी है जो हमें ज़िंदा होने का एहसास कराती हैं।

कभी-कभी किसी ऐसी चीज़ पर बिताया गया थोड़ा-सा वक़्त, जो आपको सच में पसंद है, आपको उन घंटों से ज़्यादा ताक़त दे सकता है जो आप ख़ुद को उन चीज़ों में ज़बरदस्ती धकेलते हुए बिताते हैं जो आपको लगातार थका देती हैं।

ज़िंदगी तब बहुत आसान हो जाती है जब हम एक सच को स्वीकार कर लेते हैं:

अगर आप कुछ सार्थक बनाना चाहते हैं, तो आपको यह सब करना ही पड़ेगा।

कुछ दिन ऐसे होंगे जब आपको पारिवारिक समारोहों में जाना होगा, रिश्तेदारों से मिलना होगा, ज़िम्मेदारियाँ सँभालनी होंगी, मुश्किल बातचीत करनी होगी, या ऐसे लोगों के साथ वक़्त बिताना होगा जिनसे शायद आपका गहरा जुड़ाव न हो।

यह ज़िंदगी का हिस्सा है। हम जो कुछ भी करते हैं, वह सब हमें ऊर्जा नहीं देगा। कुछ चीज़ें हमें थका देंगी। पर इसका हल उन ज़िम्मेदारियों से भागना नहीं है। हल यह है कि आप ख़ुद को नियमित रूप से रिचार्ज करते रहें।

ख़ुद को एक फ़ोन की बैटरी की तरह सोचिए।

अगर आप अपने फ़ोन को बिना चार्ज किए इस्तेमाल करते रहेंगे, तो आख़िरकार वह बंद हो जाएगा, चाहे फ़ोन कितना भी अच्छा क्यों न हो।

हम भी कुछ अलग नहीं हैं। इसीलिए यह जानना बहुत ज़रूरी है कि आपकी बैटरी को क्या चार्ज करता है।

शायद वह पढ़ना हो।

शायद वह लिखना हो।

शायद वह कसरत करना हो।

शायद वह प्रकृति में वक़्त बिताना हो।

शायद वह संगीत सुनना, कुछ नया सीखना, कोई बिज़नेस बनाना, या सार्थक बातचीत करना हो।

उन चीज़ों को ढूँढिए जो आपको ज़िंदा होने का एहसास कराती हैं।

फिर उनके लिए वक़्त निकालिए, चाहे वह आपके दिन का सिर्फ़ 10% ही क्यों न हो। वह थोड़ा-सा वक़्त आपकी ऊर्जा को पूरी तरह बदल सकता है।

और जब आपकी ऊर्जा बदलती है, तो जिस तरह से आप अपने काम, रिश्तों और ज़िम्मेदारियों के लिए हाज़िर होते हैं, वह भी बदल जाता है।

तो "मैं इतना थका हुआ क्यों हूँ?" पूछने के बजाय, शायद ख़ुद से पूछिए, "हाल ही में मैंने ऐसा क्या किया है जो मुझे सच में रिचार्ज करता है?"

वे तीन कौन-सी चीज़ें हैं जो आपको ज़िंदा, ऊर्जावान और उत्साहित महसूस कराती हैं? और क्या आप उन्हें हर हफ़्ते अपने वक़्त का कम से कम 10% दे रहे हैं?

ज़िंदगी के अलग-अलग रंग

यह मज़ेदार है कि हम ज़िंदगी में छोटी-छोटी चीज़ों से कैसे सीखते हैं। मैं हवाई अड्डे जाने के रास्ते में थी और मैंने पुदीने के स्वाद वाले मखाने ख़रीदे। मुझे उस स्वाद की तलब थी और मैं उन्हें बड़े मज़े से खा रही थी।

पहले तो मैं उस स्वाद का आनंद ले रही थी। पर फिर अचानक मुझे लगा कि सादे मखाने बेहतर थे। उस एहसास ने मुझे एक बात सोचने पर मजबूर कर दिया।

क्या हम सब ज़िंदगी में ऐसी चीज़ों के पीछे नहीं भागते—खाना, जगहें, लोग, और अनुभव—जो रोमांचक दिखती हैं? पर आख़िरकार, अंत में, हम सब असली वाली चीज़ें ही चाहते हैं। बचपन में मेरे हमेशा बड़े सपने होते थे, और ज़िंदगी बहुत सीधी-सादी थी।

जैसे अपनी किशोरावस्था में मैं 'कूल' बनना चाहती थी—शायद हम सब कूल बनना चाहते थे, बिल्कुल उस पुदीने के स्वाद की तरह; तीखा और कुछ अलग। पर फिर, अपने बीस-पच्चीस की उम्र में, मुझे एहसास हुआ कि मैं अपना पुराना रूप वापस चाहती थी, क्योंकि उस रूप के पास एक बहुत साफ़ और सच्चा नज़रिया था।

आख़िरकार, हम सब अपनी जड़ों की ओर लौट आते हैं। वे जड़ें हमेशा दिखाई नहीं देतीं, पर वे हमारे मूल स्वभाव और इस बात का सबसे ज़रूरी हिस्सा होती हैं कि हम ज़िंदगी में क्या बनते हैं। **कभी-**

कभी तरक्की पूरी तरह कोई नया इंसान बनने के बारे में नहीं होती। कभी-कभी यह उस इंसान की ओर लौटने के बारे में होती है जो हम सारे शोर, उम्मीदों और भटकावों के नीचे हमेशा से थे।

पर इन सालों में, मुझे एक हैरान करने वाली बात समझ आई। मेरी ज़िंदगी के सबसे अच्छे हिस्से तब नहीं आए जब मैं कोई और बनी, बल्कि तब आए जब मैं उसी इंसान की ओर लौटी जो मैं हमेशा से थी।

बचपन में, मुझे पढ़ना, लिखना, सपने देखना, लोगों की मदद करना, और यह मानना अच्छा लगता था कि कुछ भी मुमकिन है।

फिर ज़िंदगी आई।

लोगों ने राय दीं। समाज ने नियम दिए।

कामयाबी एक मुक़ाबले जैसी दिखने लगी। धीरे-धीरे, मैं उन चीज़ों से दूर होती गई जो मुझे स्वाभाविक लगती थीं।

यह किताब लिखते हुए मुझे याद आया कि उन सारी उम्मीदों से पहले मैं कौन थी। कहानियों से प्यार करने वाली वह छोटी बच्ची अब भी वहीं थी। वह इंसान जो दूसरों को प्रेरित करना चाहता था, अब भी वहीं था।

सपने देखने वाली अब भी वहीं थी।

वह बस सालों की ज़िम्मेदारियों, डर, और दूसरों की कामयाबी की परिभाषाओं के नीचे दबी हुई थी।

इसीलिए मेरा मानना है कि तरक्की हमेशा कुछ नया जोड़ने के बारे में नहीं होती।

कभी-कभी तरक्की उसे हटाने के बारे में होती है जो असल में कभी आप थे ही नहीं। यह 'फ़िट होने' के दबाव को छोड़ देने के बारे में है। यह हर किसी को प्रभावित करने की ज़रूरत को छोड़ देने के बारे में है।

दुनिया कई स्वाद पेश कर सकती है, पर सुकून अक्सर यह जानने से आता है कि उनमें से सच में आपका कौन-सा है। और जब आप यह खोज लेते हैं, तो आप हर चीज़ के पीछे भागना बंद कर देते हैं और उसकी क़द्र करना शुरू कर देते हैं जो सच में मायने रखती है।

दुनिया के आपको यह बताने से पहले कि आपको क्या बनना चाहिए, आप कौन थे? और उस इंसान का कौन-सा हिस्सा आप आज अपनी ज़िंदगी में वापस लाना चाहेंगे?

बादल!

जब भी हम 'बादल' शब्द सुनते हैं, तो यह हमें कितनी ही चीज़ों की याद दिला देता है। पर सबसे ज़रूरी बात यह है कि वे हमें हमेशा अपनी ओर खींचते हैं।

बादलों को देखना बहुत ख़ूबसूरत लगता है, चाहे हम उड़ान भर रहे हों या बस प्रकृति में बैठे हों। यह सुकून भरा लगता है। शायद इसलिए क्योंकि वे हमेशा वहाँ होते हैं। या शायद इसलिए क्योंकि जब हम उन्हें देखते हैं, तो वे साफ़, सादे और सरल दिखते हैं, और यह हमारे मन के सारे विचारों को साफ़ कर देता है।

या शायद इसलिए क्योंकि वे बिना किसी सहारे के वहाँ टँगे रहते हैं, बस आज़ाद।

शायद इसीलिए बादल मुझे इतना आकर्षित करते हैं। वे जल्दी में नहीं लगते। वे एक-दूसरे से मुक़ाबला नहीं कर रहे होते। वे कुछ साबित करने की कोशिश नहीं कर रहे होते।

वे बस मौजूद रहते हैं।

कभी-कभी मुझे लगता है कि हम इसके उलट हैं। हम लगातार इस बात की चिंता करते हैं कि लोग क्या सोचते हैं।

हम अपने भविष्य, अपनी छवि, अपनी कामयाबी, अपनी ग़लतियों की चिंता करते हैं, और इस बात की कि क्या हम काफ़ी कर रहे

हैं। छुट्टियों पर बैठे हुए भी, हममें से कई लोग काम के बारे में सोच रहे होते हैं।

एक लक्ष्य हासिल करते हुए भी, हम अगले की चिंता कर रहे होते हैं।

पर जब मैं बादलों को देखती हूँ, तो वे मुझे किसी पार्क में आज़ादी से दौड़ते एक बच्चे की याद दिलाते हैं।

एक बच्चा कल की मीटिंग, सोशल मीडिया के लाइक, या दूसरे क्या सोचते हैं—इसकी चिंता नहीं करता। बच्चा बस उस पल का आनंद ले रहा होता है। शायद आज़ादी का सच में यही मतलब है।

मैंने हमेशा लोगों को पैराग्लाइडिंग और स्काइडाइविंग जैसी गतिविधियों का आनंद लेते देखा। लंबे समय तक, मैं सोचती थी कि आख़िर कोई ऐसा क्यों करना चाहेगा।

जैसे-जैसे मुझे समझ आने लगा कि लोग उन अनुभवों से प्यार क्यों करते हैं, मुझे एक बात समझ आई। ये चीज़ें करते हुए, वे अब ज़मीन पर नहीं होते, और सब कुछ सँभालने का नियंत्रण वे अपने शरीर और मन पर छोड़ देते हैं।

यह उन्हें मौजूदगी की एक शुद्ध अवस्था में पहुँचा देता है। मैं कभी ऐसा नहीं कर पाई क्योंकि बचपन से ही मुझे अपने आसपास की हर चीज़ को काबू में रखने की आदत थी। और शायद इसीलिए यह मुझे थोड़ा डराता है। पर शायद एक दिन, जब मैं वे सारे बचपन के सपने हासिल कर लूँगी, तो शायद मैं आख़िरकार वह भी कर डालूँ।

बादल मुझे याद दिलाते हैं कि ज़िंदगी में हर चीज़ को काबू में करने की ज़रूरत नहीं होती।

कुछ चीज़ें भरोसा करने के लिए होती हैं। कभी-कभी सुकून तब आता है जब हम हर चीज़ को इतनी कसकर पकड़ना बंद कर देते हैं और ख़ुद को बस मौजूद रहने देते हैं—बिल्कुल बादलों की तरह—आज़ाद, हल्के, और ज़िंदगी के बहाव के साथ बहते हुए।

क्या हर चीज़ को ठीक करना ज़रूरी है?

कई बार ऐसा होता है कि हम एक ऐसा दिन गुज़ार रहे होते हैं जो हमारे हिसाब से बिल्कुल अच्छा लगता है, और फिर कुछ हो जाता है—कुछ ऐसा जो हमारे काबू में नहीं है। चीज़ों को ठीक करना एक ऐसी आदत है जो हम इंसानों में अक्सर होती है।

हम उन चीज़ों, लोगों और व्यवहारों को ठीक करने की कोशिश करते हैं जो हमारे काबू में नहीं हैं।

कई बार, वही आदत आख़िरकार हमें परेशान कर देती है। बड़े होते हुए यह मेरी एक बड़ी चिंता थी। पर जैसे-जैसे साल बीते, और जैसे-जैसे मैं बड़ी होती गई, मेरे अनुभवों ने मुझे समझाया कि हर चीज़ मेरे बारे में नहीं होती।

लोग कैसा बर्ताव करते हैं, यह इस बात पर निर्भर करता है कि वे कौन हैं और किस दौर से गुज़र रहे हैं। शायद वह मेरे सामने आया, पर यह हमेशा मेरे बारे में नहीं होता।

कई बार ऐसा होता है कि हमारा दिन बिल्कुल सामान्य चल रहा होता है। हमारे पास हमारे प्लान, हमारी उम्मीदें होती हैं, और सब कुछ ठीक लगता है। फिर अचानक कुछ हो जाता है। कोई जवाब नहीं देता। कोई अलग तरह से बर्ताव करता है। कोई प्लान रद्द हो

जाता है। कोई रिश्ता बदल जाता है। कोई जिसकी हमें परवाह है, दूरी बनाने लगता है।

और फ़ौरन, हममें से कई लोग हल ढूँढने लगते हैं।

"मैंने क्या ग़लत किया?"

"मैं इसे कैसे ठीक करूँ?"

"चीज़ों को बेहतर बनाने के लिए मुझे क्या कहना चाहिए?"

मैं हर वक़्त यही करती थी।

अगर कोई परेशान होता, तो मैं ख़ुद को ज़िम्मेदार महसूस करती।

अगर टीम का कोई सदस्य अच्छा प्रदर्शन नहीं कर रहा होता, तो मैं उसे प्रेरित करना चाहती।

अगर कोई टकराव होता, तो मैं उसे सुलझाना चाहती।

सालों तक मैं यही मानती रही कि एक अच्छा इंसान होने का मतलब है अपने आसपास की हर चीज़ को ठीक करना।

पर ज़िंदगी ने मुझे एक ज़रूरी बात सिखाई। हर समस्या आपके हल की माँग नहीं कर रही होती।

किसी चट्टान को चीरकर उगते एक पेड़ के बारे में सोचिए।

पेड़ चट्टान से बहस नहीं करता।

वह रुकावट की शिकायत नहीं करता।

वह बस वहीं उगता रहता है जहाँ वह उग सकता है।

समय के साथ, वह अपना रास्ता ढूँढ लेता है। ज़िंदगी भी इसी तरह काम करती है। कुछ हालात को आपकी मेहनत की ज़रूरत होती है। कुछ हालात को आपके धैर्य की।

और कुछ हालात को बस वक़्त की ज़रूरत होती है।

हर चीज़ को फ़ौरन ठीक करना ज़रूरी नहीं है।

हर चीज़ को आपकी ऊर्जा की ज़रूरत नहीं है। हर चीज़ में आपके शामिल होने की ज़रूरत नहीं है।

कभी-कभी सबसे मज़बूत काम जो आप कर सकते हैं, वह यह है कि जिसे आप काबू में नहीं कर सकते उसे स्वीकार कर लें और आगे बढ़ते रहें।

इस साफ़ सोच ने मुझे ख़ुद के बारे में ज़्यादा सजग बना दिया। तो सवाल यह है: क्या हमें सारी चीज़ें ठीक करनी ज़रूरी हैं?

नहीं। कभी-कभी शायद हाँ, पर ज़्यादातर नहीं।

अगर कोई इंसान या कोई हालात सच में मायने रखता है, तो उसमें अपनी मेहनत लगाइए—अगर आप मदद कर सकते हैं। पर अगर वह लंबे समय में मायने नहीं रखता, तो फिर क्यों? मेरा मानना है कि कुछ चीज़ें समय के साथ ख़ुद-ब-ख़ुद ठीक हो जाती हैं।

बिल्कुल उस पेड़ की तरह जो उगना चाहता है तो चट्टान को चीरकर भी उग सकता है, वह कोई रास्ता ढूँढ लेता है और अपनी जगह बना लेता है। हर चीज़ हमसे ठीक नहीं हो

सकती। तो, वही कीजिए जो आपके काबू में है, और बाक़ी को ठीक करने के लिए वक़्त पर छोड़ दीजिए।

आप अपनी कितनी ऊर्जा उन चीज़ों को ठीक करने में लगा रहे हैं जो शुरू से कभी आपके काबू में थीं ही नहीं?

नए बदलाव को अपनाना

हम सब ज़िंदगी में बड़ी चीज़ें चाहते हैं: एक बेहतर घर, एक बेहतर गाड़ी, बेहतर रिश्ते, एक बेहतर शरीर, बेहतर समझ, और अपने आसपास बेहतर लोग। हम बेहतर सेहत चाहते हैं। बेहतर रिश्ते। बेहतर आमदनी। ज़्यादा आत्मविश्वास। ज़्यादा आज़ादी।

पर असली सवाल यह है:

क्या हम वह इंसान बनने को तैयार हैं जो उन चीज़ों को सँभाल सके?

क्योंकि बेहतर बनना हमेशा आरामदेह नहीं होता।

ज़रा कल्पना कीजिए कि कोई कहता है,

"मुझे सुपरमैन बनना है।"

पर जिस पल उनसे कहा जाता है कि सूट पहनो, ज़्यादा कड़ी ट्रेनिंग करो, ज़िम्मेदारी उठाओ, और अपने आराम के दायरे से बाहर निकलो, वे कहते हैं,

"नहीं, मुझे आराम में ही रहना है।"

तरक्की इस तरह काम नहीं करती।

आप पुरानी आदतों को पकड़े रहते हुए ज़िंदगी से एक नया स्तर नहीं माँग सकते।

आपका हर नया रूप एक नई मानसिकता, नए कामों, और कभी-कभी सोचने के बिल्कुल अलग तरीक़े की माँग करता है।

मैंने यह सबक़ अपनी ज़िंदगी में कई बार सीखा। जब मुझे ज़्यादा कामयाबी चाहिए थी, तो मुझे ज़्यादा अनुशासित बनना पड़ा। जब मुझे मज़बूत रिश्ते चाहिए थे, तो मुझे सीमाएँ (boundaries) सीखनी पड़ीं। जब मुझे सुकून चाहिए था, तो मुझे हर चीज़ को काबू में करना बंद करना पड़ा। जब मुझे आत्मविश्वास चाहिए था, तो मुझे वे चीज़ें करनी पड़ीं जो मुझे डराती थीं। उस वक़्त, इनमें से कोई भी बदलाव आरामदेह नहीं लगा।

बल्कि, वे मुश्किल लगे।

पर आज पीछे मुड़कर देखती हूँ, तो हर असहज दौर मुझे किसी बड़ी चीज़ के लिए तैयार कर रहा था।

तरक्की हमेशा हमसे कुछ पीछे छोड़ने को कहती है। इसीलिए बहुत से लोग अटके रह जाते हैं। इसलिए नहीं कि उनमें क्षमता की कमी है। बल्कि इसलिए कि वे तरक्की के इनाम तो चाहते हैं, पर उसके साथ आने वाली असहजता नहीं।

सच यह है कि ज़िंदगी लगातार हमें हमारे अगले स्तर के लिए तैयार कर रही है।

कभी मौकों के ज़रिए। कभी चुनौतियों के ज़रिए। कभी नाकामियों के ज़रिए। और कभी ऐसे बदलावों के ज़रिए जो हमने कभी माँगे ही नहीं।

सालों बाद, जब मैं उन कई हालात को पीछे मुड़कर देखती हूँ जो कभी नाइंसाफ़ी जैसे लगते थे, तो मुझे एहसास होता है कि वे मुझे ज़्यादा मज़बूत, समझदार और सक्षम बनने में मदद कर रहे थे।

आज यह किताब लिखने वाला मेरा रूप उन अनुभवों के बिना मौजूद ही नहीं हो सकता था। जिन चीज़ों पर मैंने कभी सवाल उठाए थे, वही चीज़ें वे बन गईं जिनके लिए मैं आभारी हूँ।

शायद इसीलिए हर बदलाव का विरोध करना ज़रूरी नहीं। कभी-कभी बदलाव ख़ुद ही सबक़ होता है।

और कभी-कभी वह सबक़ हमें एक ऐसी ज़िंदगी के लिए तैयार कर रहा होता है जो उससे कहीं बड़ी है जिसकी हम इस वक़्त कल्पना कर सकते हैं।

और बेहतर न बन पाने की बड़ी वजह यह है कि हम अपने आसपास के बदलावों को स्वीकार नहीं कर पाते। हम यह नहीं समझ पाते कि ये बदलाव आख़िरकार हमें ख़ुद के सबसे बेहतर रूप तक ले जाएँगे, ताकि हम वे सारी बेहतर चीज़ें पा सकें।

यह सब प्रक्रिया में बने रहने और बदलाव का आनंद ले पाने के बारे में है। आख़िरकार, नतीजे ख़ुद हमारे पीछे आते हैं।

चीज़ों को स्वीकार करना मेरे लिए सबसे मुश्किल हिस्सा हुआ करता था। मैं हमेशा पूछती थी, "यह क्यों? वह क्यों?"

पर फिर, धीरे-धीरे, जब मैंने अपनी ज़िंदगी को पीछे मुड़कर देखा, **तो मुझे एहसास हुआ कि हर तकलीफ़देह चीज़ की एक वजह थी, और हर वजह किसी बेहतर नतीजे, किसी बेहतर भविष्य**

की ओर ले गई। यही ज़िंदगी की ख़ूबसूरती है। ज़्यादातर "मेरे साथ ही क्यों?" वाले सवालों के जवाब आख़िरकार मिल गए। हर चीज़ की अपनी वजह और अपना वक़्त था। अब हम समझते हैं कि हमें हर हालात से लड़ने की ज़रूरत नहीं है। कभी-कभी हमें बस आगे बढ़ना होता है, प्रक्रिया पर भरोसा करना होता है, और बेहतर बनना होता है। हालात चाहे जो भी हों, बदलाव को स्वीकार करने का मतलब हार मान लेना नहीं है। इसका मतलब है बढ़ना, सीखना, और ज़िंदगी को इस बात की इजाज़त देना कि वह हमें ख़ुद का एक मज़बूत रूप गढ़ दे।

कभी-कभी जिस बदलाव का हम सबसे ज़्यादा विरोध करते हैं, वही बदलाव हमें सबसे ज़्यादा बदल देता है। और जब हम उसे स्वीकार करना सीख जाते हैं, तो हमें पता चलता है कि ज़िंदगी हमारे ख़िलाफ़ काम नहीं कर रही थी, बल्कि वह हमेशा से हमारे लिए ही काम कर रही थी।

वह एक कौन-सा बदलाव है जिसका आप विरोध करते आ रहे हैं, जो शायद असल में आपको ख़ुद के अगले रूप के लिए तैयार कर रहा हो?

चीज़ें बदलती हैं, प्राथमिकताएँ बदलती हैं: इसी को तरक्की कहते हैं

मैंने बहुत समय पहले कुछ पढ़ा था। मुझे ठीक-ठीक शब्द याद नहीं, पर मुझे वह एहसास याद है जो वह छोड़ गया। उसमें कुछ बहुत ताक़तवर कहा गया था:

हम सब ज़िंदगी में हर पहलू में बढ़ते हैं। कुछ चीज़ें ऐसी थीं जिन पर मैं कुछ साल पहले गहराई से यक़ीन करती थी, पर आज नहीं करती।

इसका मतलब यह नहीं कि मैं तब ग़लत थी। इसका बस इतना मतलब है कि मैं बढ़ी हूँ।

हमारे कपड़ों के चुनाव बदलते हैं। हमारे पहनावे का अंदाज़ बदलता है। फ़िल्मों में हमारी पसंद बदलती है। तो **हमें यह स्वीकार करना मुश्किल क्यों लगता है कि हमारे विचार भी बदल सकते हैं?**

हाल ही में मैं किसी से मिली जो अपने बिज़नेस में एक चुनौती से जूझ रहा था।

मैंने उससे पूछा, "तुमने मुझसे पहले संपर्क क्यों नहीं किया? शायद मैं मदद कर पाती।"

वह मुस्कुराया और बोला, "दीदी, क्या आपको याद नहीं? कुछ साल पहले, आपने ही मुझसे कहा था कि लोगों को चीज़ें ख़ुद सँभालना और ख़ुद ही हल निकालना सीखना चाहिए।"

एक पल के लिए मैं हँस पड़ी, क्योंकि वह सही था। उस वक़्त मैं ठीक यही मानती थी।

पर आज, मेरा नज़रिया अलग है।

आज, मेरा मानना है कि भले ही हर किसी को ख़ुद हल निकालना सीखना चाहिए, पर मदद माँगना कोई कमज़ोरी नहीं है। अपनी चुनौतियाँ सही लोगों के साथ साझा करना आपको तेज़ी से हल निकालने में मदद कर सकता है। कभी-कभी किसी और का अनुभव आपके महीनों की उलझन और ग़लतियाँ बचा सकता है।

मेरा कोई भी रूप पूरी तरह सही या पूरी तरह ग़लत नहीं था।

पुराना मैं आत्मनिर्भरता को महत्व देता था। आज का मैं आत्मनिर्भरता और सहयोग, दोनों को महत्व देता हूँ।

तरक्की अक्सर ऐसी ही दिखती है।

दरअसल, बिज़नेस बनाते हुए मैंने एक बात सीखी है कि हर छह महीने में मैं पीछे मुड़कर देखती हूँ और सोचती हूँ, "मुझे यह पहले कैसे नहीं दिखा?"

हम जितना ज़्यादा सीखते हैं, उतना ही ज़्यादा एहसास होता है कि अभी कितना कुछ सीखना बाक़ी है।

अगर आज मेरी सोच दो साल पहले की मेरी सोच से अलग है, तो मैं इसे असंगति नहीं मानती। मैं इसे इस बात का सबूत मानती हूँ कि मैं बढ़ रही हूँ।

तरक्की धोखा नहीं है। तरक्की असंगति नहीं है। तरक्की इस बात का सबूत है कि हम ज़िंदगी से सीख रहे हैं। अगर बदलना हमें बेहतर बनने में मदद कर सकता है, तो फिर हम कभी-कभी बदलाव से इतना क्यों डरते हैं? हाँ, बदलाव मुश्किल है। पर वैसा ही बने रहना भी मुश्किल है जब आपका दिल जानता है कि आप ख़ुद के किसी रूप से आगे बढ़ चुके हैं।

जब मैं पिछले छह-सात सालों में ख़ुद को देखती हूँ, तो मुझे एहसास होता है कि मैं कितना बदल गई हूँ। कभी-कभी तो मैं उस इंसान को मुश्किल से पहचान पाती हूँ जो मैं हुआ करती थी। और शायद एक दिन, जब मैं यह किताब दोबारा पढ़ूँगी, तो जो कुछ मैं आज लिख रही हूँ उसमें से कुछ के बारे में मेरा एहसास अलग होगा। शायद मेरे पास एक बेहतर नज़रिया समझाने के लिए एक और किताब होगी। और यह ठीक है। ज़िंदगी ऐसी ही होनी चाहिए। **हम हमेशा बिल्कुल एक जैसे बने रहने के लिए नहीं बने हैं। हम विकसित होने के लिए बने हैं। हम अपने पुराने विश्वासों पर सवाल उठाने के लिए बने हैं। हम निश्चितता की जगह समझ रखने के लिए बने हैं। और हम आगे बढ़ते हुए ख़ुद के बेहतर रूप बनने के लिए बने हैं।**

चीज़ें बदलती हैं। प्राथमिकताएँ बदलती हैं। सपने बदलते हैं। लोग बदलते हैं। और कभी-कभी, कामयाबी की हमारी परिभाषा भी बदल जाती है। इससे डरिए मत। क्योंकि तरक्की अक्सर हूबहू बदलाव जैसी ही दिखती है। और बदलाव, जब समझदारी से राह

दिखाई जाए, तो यह इस बात की सबसे ख़ूबसूरत निशानियों में से एक है कि आप वही बन रहे हैं जो आपको बनना है।

क्या आप किसी पुराने विश्वास को इसलिए पकड़े हुए हैं क्योंकि वह अब भी आपके लिए सही है, या सिर्फ़ इसलिए कि वह लंबे समय से आपके साथ है?

भाग 3

कंडीशनिंग को तोड़ना

अच्छी लड़की जागने लगती है।

लोगों को खुश करना बंद करो

अपने आस-पास के हर इंसान को खुश रखने की चाहत हमेशा मेरे अंदर रही।

मेरे हॉस्टल के दिनों की एक घटना है जो देखने में बहुत छोटी थी, लेकिन उसने मुझे एक बहुत बड़ी बात समझा दी।

उन दिनों हॉस्टल की ज़िंदगी में मैगी के पैकेट मेरे लिए किसी ऐशो-आराम से कम नहीं थे। जब भी मैं घर से लौटती, मेरी माँ मेरे लिए कुछ पैकेट ज़रूर रख देतीं। एक दिन हॉस्टल में मैंने रात का खाना नहीं खाया क्योंकि मैं एक असाइनमेंट पूरा करने में लगी हुई थी। देर रात मैंने सोचा कि अपने लिए मैगी बना लूँ।

मैं अपना आख़िरी पैकेट बनाने ही वाली थी कि एक लड़की मेरे दरवाज़े पर आई और पूछा, “मैगी है?”

वह मेरा आख़िरी पैकेट था। मुझे भूख लगी थी। मैंने रात का खाना भी नहीं खाया था। फिर भी मैं ‘ना’ नहीं कह पाई।

मैंने वह उसे दे दिया और उस रात ख़ाली पेट सो गई।

उस दिन से मुझे एक ज़रूरी बात समझ आई: मैंने अपनी ज़िंदगी का ज़्यादातर हिस्सा दूसरों के लिए जिया है। यह आदत हर जगह दिखती रही—नौकरी में, बिज़नेस में, दोस्ती में, रिश्तों में, और रोज़मर्रा की ज़िंदगी में।

मुझे हमेशा इस बात की चिंता रहती थी कि कहीं किसी को निराश न कर दूँ। मैं हमेशा इस बात से परेशान रहती थी कि लोग मेरे बारे में क्या सोचेंगे।

लेकिन एक दिन मुझे एक सीधी-सी बात समझ आई: मेरे बिल कोई नहीं भरता। मेरी ज़िम्मेदारियाँ कोई नहीं उठाता। मेरी ज़िंदगी, मेरे परिवार और मेरे भविष्य के फ़ैसले आख़िरकार मेरे ही हैं। फिर मैं हर किसी की राय का बोझ क्यों ढोती रहूँ? मैं अपनी क़ीमत इस बात से क्यों आँकूँ कि दूसरे लोग मेरे बारे में क्या सोचते हैं?

जैसे ही मैंने हर किसी से मंज़ूरी की उम्मीद करना बंद किया, मेरी ज़िंदगी के हर क्षेत्र में तरक्की होने लगी। शुरुआत में यह मुश्किल था क्योंकि लोगों को खुश करना मेरे स्वभाव का हिस्सा बन चुका था। 'ना' कहना असहज लगता था। ख़ुद को चुनना स्वार्थी लगता था।

लेकिन धीरे-धीरे, **मैंने दयालुता और आत्म-बलिदान के बीच का फ़र्क़ समझा।** दयालु होने का मतलब ख़ुद को छोड़ देना नहीं है। दूसरों की मदद करने का मतलब ख़ुद को तकलीफ़ देना नहीं है।

पीछे मुड़कर देखती हूँ तो मुझे यह सीख अपने सफ़र के कई हिस्सों में नज़र आती है।

चाहे वह मेरे करियर के फ़ैसले हों, मेरा बिज़नेस हो, मेरी किताब हो, या वह ज़िंदगी जो मैं बनाना चाहती थी—**तरक्की तब हुई जब मैंने यह पूछना बंद कर दिया कि "लोग क्या सोचेंगे?" और यह पूछना शुरू किया कि "मेरे लिए क्या सही है?"**

इसलिए मैं हमेशा यही सुझाव देती हूँ: आपके पास एक ही ज़िंदगी है। वही करिए जो आपको खुश रखे। ख़ुद के लिए जिएँ, दूसरों के लिए नहीं।

आपकी उम्र चाहे जो हो, बस ख़ुद से एक सवाल पूछिए—

आपकी ज़िंदगी के कितने फ़ैसले इस पर आधारित हैं कि आप क्या चाहते हैं, और कितने इस पर कि दूसरे क्या सोच सकते हैं?

दूसरों से ज़्यादा ख़ुद की सुनो

मेरी ज़िंदगी में मैंने जो सबसे बड़ी चीज़ बनाई है, वह मैं ख़ुद हूँ।

मेरा बिज़नेस नहीं,

मेरा घर नहीं,

और न ही मेरी संपत्ति और गाड़ी।

एक चीज़ है जिसने यह मुमकिन किया:

मैंने दुनिया की सुनने से ज़्यादा अपने विचारों की सुनना शुरू किया।

यह समझने में मुझे काफ़ी वक़्त लगा। मेरी ज़िंदगी में जो ज़्यादातर ग़लत चीज़ें हुईं, और मेरी ज़्यादातर नाकामियाँ, इसलिए हुईं क्योंकि मैंने अपने आस-पास के लोगों की सुनी और अपने अंतर्मन की आवाज़ को अनसुना किया।

मैं सोचती रहती, "क्या होगा अगर मैं ग़लत हुई? क्या होगा अगर मैं बस एक बच्ची हूँ?" आख़िरकार मुझे समझ आने लगा कि किसी चीज़ के प्रति मेरा पहला एहसास आमतौर पर सही होता था। हो सकता है उस वक़्त मेरे पास उसका कोई तार्किक कारण न हो, लेकिन बाद में मुझे समझ आ जाता कि मुझे ऐसा क्यों लगा। सिर्फ़ मुझे ही नहीं, मेरे परिवार और मेरे अपनों को भी यह समझ आने लगा।

मैंने अपनी बीस की उम्र में किताब लिखने के बारे में सोचा था, लेकिन फिर सोचा, पहले अपना बिज़नेस बना लूँ। तो मैंने इस सपने को एक तरफ़ रख दिया।

पिछले साल मुझे एहसास हुआ कि ज़िंदगी हमें सब कुछ एक साथ करने के लिए काफ़ी वक़्त देती है। हमें हमेशा एक सपना चुनकर दूसरे को छोड़ना नहीं पड़ता। कई बार ये हदें हमारे मन में ही बनी होती हैं।

तो अपनी तीस की उम्र में मैंने ख़ुद से एक वादा किया कि अगर कुछ भी मेरे मन में आएगा, तो मैं उसे ज़्यादा सोचे बिना कर डालूँगी।

ज़िंदगी इतनी छोटी है कि ज़्यादा सोचा न जाए। **जब तक मेरी नीयत सच्ची है और मैं किसी को नुक़सान नहीं पहुँचा रही, तब तक सब कुछ करना ठीक है। मैं सब कुछ पा सकती हूँ। मैं एक करियर बना सकती हूँ, रिश्तों को सींच सकती हूँ, परिवार के साथ वक़्त बिता सकती हूँ, अपने जुनून का पीछा कर सकती हूँ, और फिर भी वह ज़िंदगी बना सकती हूँ जिसका मैं सपना देखती हूँ।**

और इसने मेरी ज़िंदगी को हर तरह से बेहतर बनाया। अपना बिज़नेस बनाने से लेकर यह किताब लिखने तक, मेरे कुछ बेहतरीन फ़ैसले तब आए जब मैंने ख़ुद पर शक करने के बजाय ख़ुद पर भरोसा किया।

अगर मैं यह कर सकती हूँ, तो आप सब भी कर सकते हैं। बस उन चीज़ों पर शक करना बंद करिए जिन्हें आप अपने भीतर गहराई से

जानते हैं, और क़दम उठाइए। दुआ है कि यह ताक़त आपको मुझसे जल्दी मिले। बस दुनिया के शोर से ज़्यादा अपनी सुनिए।

"वह कौन-सा सपना, विचार या फ़ैसला है जिसे आप इसलिए टाल रहे हैं क्योंकि आप किसी और के उस पर यक़ीन करने का इंतज़ार कर रहे हैं, उससे पहले कि आप ख़ुद उस पर यक़ीन करें?"

अपने नियमों से जियो

हम सबको बचपन से नियमों का पालन करना सिखाया जाता है। अच्छे से पढ़ो, नौकरी पाओ, बिल भरो, और एक ख़ास तरीक़े से ज़िंदगी जियो। ज़्यादातर लोगों को कामयाबी को इसी तरह देखना सिखाया जाता है।

लेकिन मेरा मानना है कि कई कामयाब लोग कभी बाग़ी समझे जाते थे। वे वे लोग नहीं थे जो समाज के अच्छे या बुरे के लेबलों से चलते हों। उन्होंने वही करना चुना जो उन्हें सही लगा।

बचपन से मुझे हमेशा पता था कि मैं ऐसी इंसान बनना चाहती हूँ जो चीज़ों को बड़ा बना सके, ऐसी इंसान जिसे अपने परिवार में और अपनी ज़िंदगी में चीज़ों के होने का तरीक़ा बदलने के लिए याद रखा जाए।

शायद अलग होना हमेशा आसान नहीं था, लेकिन मुझे यह सही लगता था। मैंने कभी यह नहीं माना कि ज़िंदगी में मुझे जो भी चाहिए वह छोटा होना चाहिए। अगर मुझे कुछ चाहिए था, तो मैं उसमें अपना सर्वश्रेष्ठ देना चाहती थी।

मैं एक गाँव से आती हूँ, जहाँ लोगों के पास अक्सर इस बात का बहुत स्पष्ट विचार होता है कि आपको कैसे जीना, कैसे कपड़े पहनना और कैसे व्यवहार करना चाहिए।

मुझे अपने बचपन की एक घटना याद है। एक पारिवारिक समारोह था, और मुझसे सूट पहनने को कहा गया। लेकिन मैंने मना कर दिया। मेरे लिए यह साफ़ "ना" थी। मैं जींस पहनना चाहती थी।

पीछे मुड़कर देखती हूँ तो मुझे एहसास होता है कि मसला कभी सूट था ही नहीं।

असली मसला यह था कि मुझे सिर्फ़ इसलिए आँख मूँदकर नियमों का पालन करना कभी पसंद नहीं था क्योंकि मेरे आस-पास के सब लोग उन पर यक़ीन करते थे। एक बच्ची के रूप में भी, मैं ख़ुद से एक सीधा-सा सवाल पूछती थी:

"क्या मुझे उन लोगों जैसी ज़िंदगी चाहिए जो मुझे यह सलाह दे रहे हैं?"

अगर जवाब 'ना' होता, तो मुझे उनके नियमों को अपना मानना मुश्किल लगता।

उस उम्र में, मेरे आस-पास कोई मेंटर या कामयाब लोग नहीं थे। मेरे पास जो था, वह थीं किताबें। तो मैंने उन लोगों से सीखना शुरू किया जिनकी ज़िंदगी मुझे प्रेरित करती थी। मैंने महारानी गायत्री देवी और कई दूसरे ऐसे मज़बूत और लीक से हटकर व्यक्तित्वों के बारे में पढ़ा जिन्होंने अलग सोचने और अपनी राह ख़ुद बनाने की हिम्मत की।

उनकी कहानियों ने मुझे एक ज़रूरी बात सिखाई: ज़रूरी नहीं कि आप समाज के बनाए हर खाँचे में फ़िट हों।

आपको अपने लिए सोचने की इजाज़त है। आज भी, मैं इस विश्वास को अपने साथ रखती हूँ।

मैं लोगों की राय का सम्मान करती हूँ, लेकिन मैं उन्हें अपनी ज़िंदगी की दिशा तय नहीं करने देती। मैं बल्कि अपने नियम ख़ुद बनाना, अपनी ग़लतियों से सीखना, और ऐसी ज़िंदगी बनाना पसंद करूँगी जो मुझे सच्ची लगे।

ज़रूरी नहीं कि मेरे आस-पास के सब लोग मेरे फ़ैसलों को समझें। उन्हें बस मेरा होना चाहिए।

जब मैंने कामयाब लोगों को क़रीब से देखना शुरू किया, तो मुझे एक ज़रूरी बात समझ आई। मैं कभी ग़लत नहीं थी। मैं बस ग़लत घेरे में थी, ऐसे लोगों से घिरी हुई जो वे संभावनाएँ नहीं देख पाते थे जो मैं देख सकती थी।

एक मेंटर ने एक बार एक कहानी सुनाई थी, एक ऐसे बाज़ की जो मुर्गियों के बीच पला था। हर दिन वह बाज़ अपने आस-पास देखता और बिल्कुल मुर्गियों की तरह व्यवहार करता क्योंकि वह बस यही जानता था। एक दिन उसने ऊपर देखा और आसमान में ऊँची उड़ान भरते एक और बाज़ को देखा। पहली बार उसे एहसास हुआ कि वह क्या बन सकता है।

कभी-कभी ज़िंदगी ऐसी ही होती है। **हम अपनी क्षमता से सीमित नहीं होते। हम अक्सर उस माहौल से सीमित होते हैं जिसे हम सामान्य मान लेते हैं।**

अपनी ज़िंदगी उन नियमों में फ़िट होने की कोशिश में क्यों लगाएँ जो आपके सपनों के लिए बने ही नहीं थे?

अपने मानक ख़ुद बनाइए। अपनी राह ख़ुद बनाइए। वे चीज़ें करिए जो आपको खुश, संतुष्ट, और उस इंसान पर गर्व महसूस कराएँ जो आप बन रहे हैं।

मेरे लिए, कामयाबी कभी समाज की परिभाषा के हिसाब से जीने के बारे में नहीं थी। यह ख़ुद का सबसे बेहतरीन रूप बनने, दूसरों को बढ़ने में मदद करने, कुछ सार्थक रचने, और ऐसी ज़िंदगी जीने के बारे में थी जो मेरे असली रूप को सच्ची लगे।

और इन सबके अंत में, मैं यह कह पाना चाहती हूँ: 'शुक्र है कि मैंने ज़िंदगी अपनी शर्तों पर जी।'

अपना अगला बड़ा फ़ैसला लेने से पहले, ख़ुद से पूछिए: क्या यह वही है जो मैं सच में चाहता हूँ, या यह वह है जो मुझे चाहना सिखाया गया है?

वह एक कौन-सा नियम है जिसका आप सिर्फ़ इसलिए पालन कर रहे हैं क्योंकि आपके आस-पास के सब लोग उसका पालन करते हैं?

ज़िंदगी में खुलकर बोलो

अगर आप अपनी ज़िंदगी में कभी किसी रेस्तराँ गए हों और उनसे खाना परोसने को कहा हो, बिना यह बताए कि आप क्या ऑर्डर करना चाहते हैं, तो हो सकता है वे आपके सामने कुछ ऐसा ले आएँ जो आपको पसंद न आए। फिर आप यह महसूस करते हुए वहाँ से निकल जाएँ कि रेस्तराँ अच्छा नहीं था, और तय कर लें कि उस जगह कभी नहीं जाएँगे। लेकिन शायद उसी रेस्तराँ में कुछ ऐसा भी था जो आपको बेहद पसंद आता।

आपको वह बस इसलिए नहीं मिला क्योंकि आपने उसे माँगा ही नहीं। बात रेस्तराँ या खाने की नहीं है। बात ज़िंदगी और उन चुनावों की है जो आप करते हैं।

क्या आपने कभी महसूस किया कि आपका साथी आपको नहीं समझता?

क्या आपने कभी महसूस किया कि आपके दोस्त आपकी उम्मीदों पर खरे नहीं उतरते?

क्या आपने कभी निराश महसूस किया क्योंकि लोगों ने वह नहीं किया जो आप मन ही मन उम्मीद कर रहे थे?

असली सवाल यह है: **क्या आपने उन्हें साफ़-साफ़ बताया कि आप क्या चाहते थे?**

ज़्यादातर लोग उम्मीद करते हैं कि दूसरे उनकी भावनाओं को बिना व्यक्त किए ही समझ लें।

वे अपने साथी, परिवार, दोस्तों, या यहाँ तक कि ख़ुद ज़िंदगी से उम्मीद करते हैं कि वह किसी तरह उनके मन की बात पढ़ ले। फिर, जब चीज़ें उनकी उम्मीद के मुताबिक़ नहीं होतीं, तो वे आहत, निराश, या ग़लत समझे जाने का एहसास करते हैं। सच यह है कि लोग सिर्फ़ उसी का जवाब दे सकते हैं जो वे जानते हैं।

ज़िंदगी भी इसी तरह चलती है। बहुत से लोग बेहतर करियर, बेहतर रिश्ते, ज़्यादा पैसा, ज़्यादा मौक़े, या ज़्यादा ख़ुशी चाहते हैं। लेकिन वे कभी साफ़-साफ़ यह व्यक्त नहीं करते कि वे क्या चाहते हैं, कभी उसकी ओर क़दम नहीं उठाते, और फिर हैरान होते हैं कि कुछ बदलता क्यों नहीं। हम उम्मीद करते हैं कि ज़िंदगी अचानक बदल जाए जबकि हम चुप रहते हैं। हम बिना अलग कोशिश किए अलग नतीजों की उम्मीद करते हैं।

खुलकर बोलना सिर्फ़ दूसरे लोगों से बात करने के बारे में नहीं है। यह ख़ुद के साथ ईमानदार होने के बारे में भी है कि आप सच में क्या चाहते हैं।

जब मैं अपने आस-पास के लोगों को देखती हूँ, तो मुझे लगता है कि बहुत से लोगों को कुछ चीज़ों से दिक़्क़त होती है; रिश्ते, काम, या दूसरी परिस्थितियाँ। लेकिन क्योंकि वे इस बारे में खुलकर नहीं बोलते कि वे क्या चाहते हैं—न तो उन लोगों से जो इसमें शामिल हैं, न ही ब्रह्मांड से—इसलिए उन्हें वह कभी नहीं मिलता।

मेरा मानना है कि दुनिया में अच्छा और बुरा, दोनों है। अगर आप इस बारे में खुलकर नहीं बोलेंगे कि आप क्या चाहते हैं

और क्या नहीं चाहते, तो आख़िरकार आप जो कुछ भी मिल जाए उसी पर समझौता कर लेंगे।

कुछ लोग कहते हैं, "यह तो बस मेरा स्वभाव है। मैं खुलकर नहीं बोलता।" मैं भी पहले ऐसा ही सोचती थी। लेकिन मेरा मानना है कि इंसान होने के नाते, हमें इस गुण को बनाना चाहिए, भले ही यह हमें स्वाभाविक रूप से न आता हो।

यह स्वभाव की बात नहीं है; यह एक हुनर है। क्या आपने ऐसे लोग देखे हैं जो जो कुछ भी सामने आ जाए उसी पर समझौता कर लेते हैं?

अगर आपको इस दुनिया में कुछ चाहिए, तो पहले आपको उसके बारे में साफ़ होना होगा। फिर आपको उसके बारे में बात करनी होगी, ख़ुद को साफ़-साफ़ बताना होगा, और अपने आस-पास के लोगों तक उसे पहुँचाना होगा।

मैंने यह अपने सफ़र में देखा है। चाहे वह बिज़नेस बनाना हो, मौक़े पैदा करना हो, यह किताब लिखना हो, या सार्थक रिश्ते बनाना हो—चीज़ें तब आगे बढ़ने लगीं जब मैं इस बारे में साफ़ हुई कि मैं क्या चाहती हूँ, बजाय इसके कि लोग अंदाज़ा लगाएँ।

और यह हर जगह लागू होता है—रिश्ते, काम, परिवार, सपने, और निजी तरक्की। खुलकर बोलिए। यह आपकी ज़िंदगी को और ख़ूबसूरत बना देगा।

आगे बढ़ने से पहले, एक पल रुकिए और अपनी ज़िंदगी के उन क्षेत्रों के बारे में सोचिए जहाँ आप समझौता कर रहे हैं।

क्या आप इसलिए समझौता कर रहे हैं क्योंकि आप सच में ऐसा चाहते हैं, या इसलिए कि आप इस बारे में खुलकर बोलने से डरते हैं कि आप असल में क्या चाहते हैं?

हममें से कई लोग सालों ख़ामोशी से यह उम्मीद करते हुए बिता देते हैं कि लोग हमें समझ लें। हम उम्मीद करते हैं कि वे हमारे संघर्ष, हमारे सपने, हमारी कुंठाएँ, और हमारी ज़रूरतें बिना हमारे कभी साफ़-साफ़ बताए ही भाँप लेंगे।

लेकिन क्या हमने सच में वह बातचीत की है?

मैं अक्सर लोगों को कहते सुनती हूँ, "मेरे पापा मुझे नहीं समझते।"

मेरा अगला सवाल हमेशा यही होता है, "क्या आपने कभी उनके साथ बैठकर ईमानदारी से बताया कि आप कैसा महसूस करते हैं?"

इशारों के ज़रिए नहीं।

अनुमानों के ज़रिए नहीं।

बहसों के ज़रिए नहीं।

बल्कि एक साफ़ और ईमानदार बातचीत के ज़रिए।

मेरे अनुभव में, ज़िंदगी की मुश्किलों का एक बड़ा हिस्सा बुरी नीयत से नहीं आता। वह अनकही उम्मीदों और कमज़ोर संवाद से आता है।

लोग वह नहीं समझ सकते जो हम कभी व्यक्त ही नहीं करते।

एक पल रुकिए और अपनी ज़िंदगी के उन क्षेत्रों के बारे में सोचिए जहाँ आप कुंठित, निराश, या ग़लत समझे जाने का एहसास करते हैं। क्या आपने साफ़-साफ़ बताया है कि आप क्या चाहते हैं, या आप उम्मीद कर रहे हैं कि दूसरे ख़ुद ही समझ जाएँगे?

अच्छा और बुरा: हर चीज़ किसी वजह से होती है

मैं सफ़र कर रही थी और मेरा एक्सीडेंट हो गया। पहले तो मुझे लगा, "ऐसा क्यों हुआ?" लेकिन फिर, 20–30 मिनट में, मैं शांत हुई और स्थिति को अलग नज़रिए से देखने लगी।

अचानक एक एहसास मुझ पर छाया। मैं इतनी परेशान क्यों थी? वह तो बस एक गाड़ी थी। अगर उस एक्सीडेंट में मुझे या मेरे साथी को कुछ हो जाता तो? उस ख़याल ने सब कुछ बदल दिया। नुक़सान की चिंता करने के बजाय, मैं शुक्रगुज़ार महसूस करने लगी कि हम सुरक्षित थे। मैंने भगवान का शुक्रिया अदा किया और एक सुकून महसूस किया।

मेरा मानना है कि जब तक मैं ज़िंदा हूँ, मैं चीज़ें कर सकती हूँ और चीज़ें बदल सकती हूँ। गाड़ियाँ ठीक हो सकती हैं, पैसा दोबारा कमाया जा सकता है, लेकिन ज़िंदगी की जगह कुछ नहीं ले सकता। उस एहसास ने मुझे पहले से ज़्यादा शांत कर दिया।

ज़िंदगी में बहुत-सी ऐसी परिस्थितियाँ रही हैं जहाँ मैं सोचती थी, "यह क्यों? वह क्यों?" लेकिन जितनी जल्दी मैंने चीज़ों को स्वीकार किया, उतनी ही बेहतर ज़िंदगी होने लगी।

मैं लोगों को हमेशा यह बताती हूँ: मेरे साथी की जिस एक बात की मैं सबसे ज़्यादा क़द्र करती थी, वह थी परिस्थितियों से निपटने का

उनका गुण। ज़िंदगी में, वह एक समाधान निकालने वाले इंसान हैं। जो कुछ भी होता है, वह पहले बैठते हैं, देखते हैं, और फिर उस पर ध्यान देते हैं जो उनके हाथ में है। सुनने में यह आसान लगता है, लेकिन मेरे लिए इसे समझना और अमल में लाना बहुत मुश्किल था।

कभी-कभी, सबसे बुरी चीज़ें आपको सबसे अच्छे सबक़ सिखाती हैं। उस दिन ने मुझे भी एक सबक़ सिखाया। मुझे लगा, "मैं ज़िंदा हूँ। मैं ख़ुद से जुड़ी चीज़ें बदल सकती हूँ, और मैं अपनी ज़िंदगी से जुड़ी चीज़ें बदल सकती हूँ।"

बाक़ी का सफ़र अलग महसूस हुआ। तनाव में रहने के बजाय, मैं ज़्यादा शांत, हल्की, और यहाँ तक कि ज़्यादा खुश महसूस कर रही थी। मैं हमें बचाने के लिए भगवान का शुक्रिया अदा करती रही। जो एक बुरे अनुभव के रूप में शुरू हुआ, वह धीरे-धीरे कृतज्ञता, नज़रिए, और स्वीकार्यता के एक सबक़ में बदल गया।

धीरे-धीरे, हर अच्छी और बुरी चीज़ समझ में आने लगी। अब जब मैं पीछे मुड़कर देखती हूँ, तो मुझे एहसास होता है कि जिन पलों का मैंने सबसे ज़्यादा विरोध किया, वही पल मुझे सबसे ज़्यादा गढ़ने वाले बने।

सच यह है कि ज़िंदगी हमेशा हमारी समय-रेखा के हिसाब से नहीं चलेगी। लोग हमें निराश करेंगे। योजनाएँ नाकाम होंगी। अनचाही परिस्थितियाँ सामने आएँगी। लेकिन हर परिस्थिति हमें एक चुनाव देती है। हम यह पूछते हुए अटके रह सकते हैं, "ऐसा क्यों हुआ?" या हम यह पूछ सकते हैं, "मैं इससे क्या सीख सकता हूँ?"

मैंने सीखा कि मैं ज़िंदगी में होने वाली हर चीज़ को क़ाबू में नहीं कर सकती, लेकिन मैं यह क़ाबू में रख सकती हूँ कि मैं उस पर कैसे प्रतिक्रिया देती हूँ। और अक्सर, वही प्रतिक्रिया मेरे भविष्य को उस परिस्थिति से कहीं ज़्यादा गढ़ती है।

ज़िंदगी के कुछ अध्याय हमें परखने के लिए होते हैं। कुछ हमें सिखाने के लिए होते हैं। और कुछ हमें किसी ऐसी चीज़ के लिए तैयार करने के लिए होते हैं जो उस वक़्त हमारी नज़र से कहीं बड़ी होती है।

आज, जब मैं किसी मुश्किल परिस्थिति का सामना करती हूँ, तो मैं ख़ुद को याद दिलाने की कोशिश करती हूँ कि शायद यह अध्याय भी एक दिन समझ में आ जाएगा, बिल्कुल वैसे ही जैसे बाक़ी कई अध्याय आख़िरकार समझ में आ गए।

क्योंकि जब तक हम ज़िंदा हैं, हमारे पास हमेशा सीखने, बढ़ने, सुधरने, और आगे एक बेहतर अध्याय रचने का मौक़ा होता है।

आपके अतीत की वह कौन-सी मुश्किल परिस्थिति है जो उस वक़्त नाइंसाफ़ी लगी थी, लेकिन बाद में आपको ज़िंदगी का एक सबसे बड़ा सबक़ सिखा गई? 🤍

यह तुम्हारी ज़िंदगी है। तुम्हें बचाने कोई नहीं आ रहा।

हमने कितनी बार महसूस किया है, "आख़िर ज़िंदगी में हो क्या रहा है?" मुझे लगता है कई बार। मैंने ख़ुद भी कई बार ऐसा सोचा।

लेकिन पता है सबसे अच्छी बात क्या है? असल में, **तुम्हें बचाने कोई नहीं आ रहा। यह तुम्हें ख़ुद अपने लिए करना होगा, और इससे भी ज़रूरी, तुम्हारी ज़िंदगी जीने भी कोई नहीं आएगा। तो तुम्हें रोकने भी कोई नहीं आ रहा।**

जब मैंने यह सच में समझा, तो यह डरावना लगने के बजाय ताक़तवर लगने लगा।

अगर कोई नहीं आ रहा, तो इसका मतलब ज़िम्मेदारी मेरी है, लेकिन आज़ादी भी मेरी ही है। इसका मतलब मैं अपनी ज़िंदगी की दिशा ख़ुद चुन सकती हूँ।

जिसका मतलब है कि आप जो चाहें वह कर सकते हैं। बस यह तय करिए कि वह एक कौन-सी चीज़ है जो आप हमेशा से करना चाहते थे, लेकिन इस डर से पीछे छोड़ दी कि लोग क्या सोचेंगे।

शायद आपने हर चीज़ पर ज़रूरत से ज़्यादा सोचा। शायद आपको लगा कि आप काफ़ी अच्छे नहीं हैं। शायद आप परफ़ेक्ट वक़्त का इंतज़ार करते रहे।

आपको ख़ुद को कोसने की ज़रूरत नहीं है। आपको बस शुरुआत करनी है। **वह करना शुरू करिए जो आप करना चाहते हैं और उसमें निरंतर बने रहिए, और आप अपने आस-पास के आधे लोगों से पहले ही आगे होंगे।**

हम सब ख़रगोश और कछुए की कहानी जानते हैं।

ख़रगोश के पास सब कुछ था। वह तेज़ था, ज़्यादा ताक़तवर था, और दौड़ने में स्वाभाविक रूप से बेहतर था। कछुआ जानता था कि वह कभी ख़रगोश की रफ़्तार का मुक़ाबला नहीं कर सकता। ज़रा सोचिए अगर कछुआ पूरी दौड़ यह सोचते हुए बिता देता, "क्या फ़ायदा? मैं बहुत धीमा हूँ। मैं कभी नहीं जीत सकता।"

लेकिन अपनी कमी पर ध्यान देने के बजाय, कछुए ने उस पर ध्यान दिया जो वह कर सकता था। वह आगे बढ़ता रहा, एक बार में एक क़दम।

ख़रगोश के पास प्रतिभा थी, लेकिन कछुए के पास निरंतरता थी।

और आख़िर में, सबसे तेज़ वाला नहीं जीता। वह जीता जिसने रुकने से इनकार कर दिया।

एक चीज़ जो मैंने बहुत अच्छी की, वह थी "लोग क्या सोचेंगे?" का डर छोड़ देना। क्योंकि दिन के अंत में, यह मेरी ज़िंदगी है। मुझे ख़ुद का, अपने परिवार का, और अपनी आर्थिक स्थिति का ख़याल रखना है। **तो फिर मैं किसी ऐसे इंसान को ताक़त क्यों दूँ जो मेरी ज़िंदगी का ख़याल नहीं रखता?**

उनकी राय, विचार, और निजी समस्याएँ हो सकती हैं। वह उनका है, मेरा नहीं।

अपने सफ़र पर पीछे मुड़कर देखती हूँ, चाहे वह एक अलग राह चुनना हो, अपना बिज़नेस बनाना हो, अपनी किताब लिखना हो, सोशल मीडिया पर आना हो, या ज़्यादा असली बनना हो—कई फ़ैसले तभी मुमकिन हुए जब मैंने दूसरों से मंज़ूरी का इंतज़ार करना बंद किया।

बस वही करिए जो आप ख़ुद के लिए चाहते हैं। आपकी ज़िंदगी आपकी ज़िम्मेदारी है, लेकिन यह आपका मौक़ा भी है। जिस पल आप बचाए जाने का इंतज़ार करना बंद करते हैं और ख़ुद पर भरोसा करना शुरू करते हैं, सब कुछ बदलने लगता है।

ख़ुद से ईमानदारी से पूछिए—

क्या आप अपनी कमी पर ज़्यादा ध्यान दे रहे हैं, या उन छोटे क़दमों पर जो आप आज उठा सकते हैं?

अपना दिल सिर्फ़ कुछ ख़ास चीज़ों में लगाओ

हाँ, मुझे पता है। मुझे पता है कि आप शायद यह सोच रहे होंगे कि जो भी आप करते हैं उसमें अपना दिल लगाना एक अच्छी बात मानी जाती है। हाँ, यह है, लेकिन सिर्फ़ कुछ ही क्षेत्रों में:

- परिवार
- अपने प्रियजन
- लक्ष्य
- सपने
- ख़ुद आप

यह आपके सबसे असली रूप का एक प्रीमियम सब्सक्रिप्शन रखने जैसा है। ज़रा सोचिए—लोग सब्सक्रिप्शन के लिए इसलिए पैसे देते हैं क्योंकि क़ीमती चीज़ें हर किसी के लिए उपलब्ध नहीं होतीं। इसी तरह, आपकी सबसे गहरी भावनाएँ, आपकी कमज़ोरियाँ, आपके सपने, आपके संघर्ष, और आपका कच्चा सच—ये सब क़ीमती हैं।

हर कोई इन तक असीमित पहुँच का हक़दार नहीं है। हर किसी ने आपके सबसे असली रूप को देखने का हक़ नहीं कमाया है। कुछ

लोग आपकी ज़िंदगी में सिर्फ़ मेहमान होते हैं, जबकि कुछ ही आपके भीतरी घेरे के स्थायी सदस्य बनते हैं।

आपका कच्चा और असली रूप अनोखा है। हर किसी के पास इसका सब्सक्रिप्शन नहीं होना चाहिए।

मुझे यह समझने में सालों लगे। पहले, मैं हर जगह कच्ची और असली रहती थी। मुझे फ़ायदा पहुँचाने के बजाय, इसने असल में मेरे लिए चीज़ें उलझा दीं।

धीरे-धीरे, मुझे एहसास हुआ कि मुझे अपना कच्चा, असली रूप सिर्फ़ ख़ास चीज़ों को देना है:

1. ख़ुद को
2. अपने प्रियजनों को (ज़्यादातर परिवार)
3. उन क़रीबी दोस्तों को जिन्होंने मेरे सबसे बुरे वक़्त में सच में मुझ पर यक़ीन किया
4. अपने लक्ष्यों और सपनों को

नहीं, मैं यह नहीं कह रही कि बाक़ी दुनिया के प्रति निष्ठुर बन जाइए। मैं अपने काम में अपना दिल लगाती हूँ, लेकिन मैं इस बारे में बहुत सटीक हूँ कि मैं अपनी भावनाएँ, ऊर्जा, भरोसा, और कमज़ोरियाँ कहाँ लगाती हूँ।

अपने सफ़र पर नज़र डालती हूँ, तो मुझे एहसास हुआ कि जब भी मैंने हर किसी को अपने दिल तक बराबर पहुँच दी, उनकी राय मुझे प्रभावित करने लगती थी। उनके शक मेरे शक बन जाते। उनके डर मेरे डर बन जाते। उनकी उम्मीदें एक बोझ बन जातीं।

लेकिन जब मैंने अपनी भावनात्मक ऊर्जा की रक्षा करना शुरू किया, तो सब कुछ बदल गया। जिस तरह मैं अपना बैंक पासवर्ड हर किसी को नहीं देती, उसी तरह मुझे हर किसी को असीमित भावनात्मक पहुँच भी नहीं देनी चाहिए। कुछ चीज़ें सुरक्षित रखने के लिए होती हैं क्योंकि वे क़ीमती होती हैं।

आज, मेरा परिवार, वे लोग जिन्हें मैं सच में प्यार करती हूँ, मेरे सपने, मेरे लक्ष्य, मेरा मक़सद, और वह इंसान जो मैं बन रही हूँ—इन सबकी मेरे दिल तक पूरी पहुँच है। बाक़ी हर चीज़ के लिए, मैं स्वस्थ सीमाएँ चुनती हूँ।

इसका मतलब दूर हो जाना नहीं है। इसका मतलब है सोच-समझकर चुनाव करना। जिस तरह हम अपने पैसे, समय, और लक्ष्यों की रक्षा करते हैं, उसी तरह हमें अपने दिल की भी रक्षा करनी चाहिए।

आज, मैं इस बारे में बहुत सटीक हूँ। 🖤

क्या आप अपना दिल उन लोगों और चीज़ों को दे रहे हैं जो सच में इसके हक़दार हैं, या आप हर किसी को असीमित पहुँच दे रहे हैं?

न परफ़ेक्ट वक़्त, न परफ़ेक्ट फ़ैसला, न परफ़ेक्ट इंसान

जब मैं लोगों से बात करती हूँ, ख़ासकर इसलिए कि मैं बिज़नेस के क्षेत्र में हूँ, तो मुझे बहुत तरह के लोगों से बात करने का मौक़ा मिलता है।

एक चीज़ जो मैं देखती हूँ, वह यह है कि 90% लोग ऐसी चीज़ें कर रहे हैं जिनसे वे सच में प्यार नहीं करते। और जब मैं उनसे पूछती हूँ कि क्यों, तो जवाब आमतौर पर इनमें से एक होता है:

"हम परफ़ेक्ट वक़्त का इंतज़ार कर रहे हैं।" "शुरू करने से पहले मुझे और निश्चितता चाहिए।" "मैं परफ़ेक्ट फ़ैसला लेना चाहता हूँ।"

मैं भी पहले ऐसा ही सोचती थी। दरअसल, मैं सालों तक अपनी किताब को टालती रही क्योंकि मैं परफ़ेक्ट वक़्त का इंतज़ार कर रही थी। मुझे लगता था कि एक दिन मैं अचानक हर चीज़ के बारे में 100% तैयार और निश्चित महसूस करूँगी।

लेकिन ज़िंदगी ऐसे नहीं चलती। **आत्मविश्वास पहले नहीं आता और फिर क़दम उठते हों। ज़्यादातर वक़्त, क़दम पहले उठते हैं और आत्मविश्वास बाद में आता है।**

मेरी ज़िंदगी में मैंने जो भी सार्थक किया, वह धीरे-धीरे हुआ।

चाहे वह नौकरी छोड़ना हो, बिज़नेस शुरू करना हो, शादी करना हो, नई ज़िंदगी बनाना हो, कुछ ज़रूरी ख़रीदना हो, या अपनी

किताब शुरू करना हो—मैं वे फ़ैसले लेते वक़्त कभी 100% निश्चित नहीं थी।

न मैं परफ़ेक्ट थी। न परिस्थितियाँ परफ़ेक्ट थीं।

एक सीधा-सा उदाहरण है सड़क पर गाड़ी चलाना। ज़रा सोचिए कि गाड़ी चलाने से पहले आप अपने पूरे रास्ते के हर ट्रैफ़िक सिग्नल के हरे होने का इंतज़ार करें। क्या आप कभी अपने घर से निकल पाएँगे? शायद नहीं।

कुछ सिग्नल हरे होंगे। कुछ पीले होंगे। कुछ लाल होंगे। आप वहाँ रुकते हैं जहाँ रुकना ज़रूरी है, वहाँ बढ़ते हैं जहाँ बढ़ सकते हैं, और आगे चलते रहते हैं। जैसे-जैसे आप सफ़र जारी रखते हैं, आख़िरकार आप अपनी मंज़िल तक पहुँच जाते हैं।

ज़िंदगी भी इसी तरह चलती है। **अगर आप क़दम उठाने से पहले अपनी ज़िंदगी के हर सिग्नल के हरे होने का इंतज़ार करते रहेंगे, तो आप वहीं अटके रहेंगे। राह चलते-चलते साफ़ होती है, इंतज़ार करते-करते नहीं।**

अब मैं जिस बात में यक़ीन करती हूँ वह यह है: मैं शुरू करने से पहले परफ़ेक्ट बनने के बजाय चीज़ों को कर डालने में ज़्यादा यक़ीन करती हूँ। परफ़ेक्शन अक्सर एक बहाना होता है जो हमें अटकाए रखता है। कर डालना ही नतीजे बनाता है।

परफ़ेक्शन की चाहत लोगों को ज़िंदगी में धीमा कर देती है। अगर आप जानते हैं कि आप क्या करना चाहते हैं, तो उसे करना शुरू कर दीजिए। सबसे बुरा जो हो सकता है, वह यह कि आप राह में कुछ क़ीमती सीख जाएँगे।

अपने सफ़र पर नज़र डालती हूँ, तो इस किताब के अध्याय आज इसलिए मौजूद हैं क्योंकि मैंने आख़िरकार इंतज़ार करना बंद कर दिया। जिन बिज़नेस के मौक़ों का मैंने पीछा किया, वे इसलिए मिले क्योंकि मैंने पूरी तरह तैयार महसूस करने से पहले क़दम उठाया। तरक्की इसलिए हुई क्योंकि **मैं अनिश्चितता के बावजूद आगे बढ़ी।**

तो परफ़ेक्ट पल के इंतज़ार में क्यों अटके रहें? कोई परफ़ेक्ट वक़्त नहीं होता। कोई परफ़ेक्ट फ़ैसला नहीं होता। और कोई परफ़ेक्ट इंसान नहीं होता।

बस वही करिए जिससे आप प्यार करते हैं और अपनी सुनिए। ज़िंदगी परफ़ेक्शन से ज़्यादा हरकत को इनाम देती है।

आप एक ऐसे परफ़ेक्ट पल के लिए और कितनी देर इंतज़ार करने को तैयार हैं जो शायद कभी आए ही नहीं? और अगर आप आज ही शुरू कर दें, तो क्या बदल सकता है? 🩶

क्या आप ख़ुद से वैसे ही बात करते हैं जैसे दूसरों से करते हैं?

हाँ, यह एक सीधा-सा सवाल है। लेकिन यह मज़ेदार लगता है, है ना?

जैसे हम अपने साथी के साथ अपने दिन की योजना बनाते हैं, परिवार के साथ वक़्त बिताते हैं, और हमारे दोस्त भी ऐसा ही करते हैं, **हम अक्सर ख़ुद के साथ अच्छा वक़्त नहीं बिताते।**

जैसे आप किसी ऐसे इंसान के साथ अच्छा वक़्त बिताते हैं जिससे आप प्यार करते हैं, वैसे ही आपको ख़ुद के साथ भी अच्छा वक़्त बिताना चाहिए।

मैं अक्सर लोगों को अपने करियर, अपनी ज़िंदगी, और रिश्तों के बारे में शिकायत करते देखती हूँ। शायद इसलिए कि सबसे पहली चीज़ जिसका उन्हें ख़याल रखना चाहिए वह ख़ुद हैं, लेकिन वही ग़ायब है।

एक चीज़ जो मैंने बदली, जिसने धीरे-धीरे मेरी ज़िंदगी की गुणवत्ता बदलनी शुरू की, वह थी पिछले तीन सालों से हर सुबह एक घंटा ख़ुद के साथ बिताना।

और नतीजे देखकर मैं हैरान रह गई।

मैं अपने आस-पास के लोगों के साथ बेहतर संवाद करने लगी।

मैं अपने स्वभाव, अपनी ताक़तों, और अपनी कमज़ोरियों के बारे में ज़्यादा सजग होने लगी।

मैं प्रतिक्रिया देने के बजाय सोच-समझकर जवाब देने लगी।

मैं अपनी ज़िंदगी के हर हफ़्ते में ज़्यादा कारगर होने लगी।

बस एक चीज़ से; एक घंटा बिना फ़ोन के, घर में किसी से कोई बातचीत नहीं, बस मैं, ख़ुद मैं, और मेरे विचार।

उस एक घंटे में मैं ख़ुद से पूछती:

आज मैं क्या करने जा रही हूँ?

मैं अपनी ज़िंदगी के अलग-अलग क्षेत्रों में कैसे बेहतर हो सकती हूँ?

मैं ज़्यादातर रोज़ अपनी ज़िंदगी के चार क्षेत्रों पर वक़्त लगाती हूँ:

- **सेहत**
- **करियर**
- **पैसा**
- **रिश्ते**

और मैं इन सभी क्षेत्रों को रोज़ वक़्त देती हूँ। अगर ज़िंदगी में आप कोई बड़ी कामयाबी हासिल करने की कोशिश कर रहे हैं, तो आपको इन सब पर ध्यान देना होगा क्योंकि चारों एक-दूसरे का सहारा बनते हैं।

इस सीधी-सी आदत ने मुझे अपने चुनावों में ज़्यादा सोच-समझकर, अपने कामों में ज़्यादा अनुशासित, और जिस ज़िंदगी को मैं बनाना चाहती थी उससे ज़्यादा जुड़ा हुआ बनने में मदद की।

अब मैं आपसे एक सवाल पूछती हूँ।

क्या आप भी ऐसा कर रहे हैं?

क्या आप हर दिन कुछ मिनट भी ख़ुद के साथ बिताते हैं, बिना किसी ध्यान भटकाव के, बिना अपने फ़ोन के, और बिना दुनिया के शोर के?

अगर नहीं, तो इस बात की पूरी संभावना है कि समय-समय पर आप ख़ुद को खोया हुआ महसूस करेंगे। इसलिए नहीं कि आप नहीं जानते कि क्या करना है, बल्कि **इसलिए कि आप अपनी ज़िंदगी के सबसे ज़रूरी इंसान को छोड़ रहे हैं, ख़ुद को।**

वह इंसान जो हर दिन मेहनत कर रहा है, लक्ष्यों का पीछा कर रहा है, करियर बना रहा है, रिश्ते संभाल रहा है, और ज़िम्मेदारियाँ उठा रहा है—उसे भी आपके ध्यान की ज़रूरत है।

उस इंसान के साथ वक़्त बिताइए। उस इंसान की सुनिए। उस इंसान को समझिए।

कभी-कभी जिन जवाबों को आप बाहर ढूँढ रहे होते हैं, वे ख़ामोशी से आपके भीतर ही आपका इंतज़ार कर रहे होते हैं।

भाग **4**

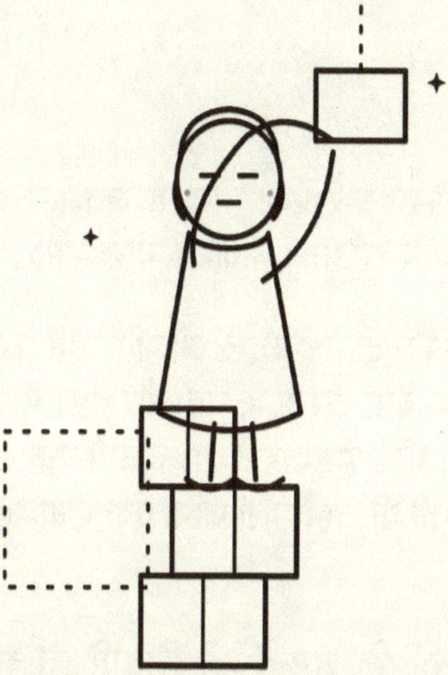

खुद को दोबारा गढ़ना

आप बस गुज़ारा करना छोड़कर ज़िंदगी बनाना शुरू कर देते हैं।

किसी और के सपनों की ज़िंदगी जीना

ज़िंदगी में कितनी ही बार ऐसा होता है जब हम परेशान, बेचैन महसूस करते हैं और लगातार चीज़ों के पीछे भागते रहते हैं।

आज, मैंने एक दिन में दो देश बदले, और फिर भी मैं अपना शेड्यूल लिख रही थी, आगे क्या करना है, यह और वह। मैं रुकी और बस अपनी ज़िंदगी पर पीछे मुड़कर देखा। जब मैं एक छोटी बच्ची थी, मैं एक गाँव में रहती थी जहाँ मॉल जाना एक ऐशो-आराम था, और आज मैं यहाँ हूँ।

मैं उस छोटी बच्ची के सपनों की ज़िंदगी जी रही हूँ, शायद उससे भी कहीं ज़्यादा।

30 से पहले, मेरा पासपोर्ट लगातार मुहरों से भरा हुआ था, मैं अपने ख़ुद के घर में रहने लगी, अपनी ख़ुद की गाड़ी चलाने लगी, मेरे पास एक खुशहाल और सेहतमंद परिवार है, ज़िंदगी में एक मक़सद है, और मैंने एक साम्राज्य खड़ा किया।

मैं आख़िर किस बात से इतनी परेशान हूँ?

हम ख़ाली हाथ आते हैं और ख़ाली हाथ जाते हैं। बीच की बाक़ी हर चीज़ बस अपना सर्वश्रेष्ठ देना है।

अपना सबसे बेहतरीन रूप बनकर, और मुझे लगता है बस यही है जो हम कर सकते हैं।

हम बहुत-सी चीज़ों को क़ाबू में नहीं कर सकते, लेकिन हम हर चीज़ में अपना सबसे बेहतरीन रूप दे सकते हैं, हम चाहे कहीं भी हों—पढ़ाई कर रहे हों, काम कर रहे हों, बिज़नेस बना रहे हों, या परिवार के साथ हों।

और मैं यही करने जा रही हूँ, और ज़्यादा।

कभी-कभी हम अगले पड़ाव पर इतने केंद्रित हो जाते हैं कि यह सराहना ही भूल जाते हैं कि हम पहले ही कितनी दूर आ चुके हैं। पीछे मुड़कर देखना अतीत में जीने के बारे में नहीं है; यह सफ़र को सम्मान देने के बारे में है।

मेरे भीतर की छोटी बच्ची आज भी सपने देखती है, लेकिन आज वह मुस्कुराती भी है क्योंकि उनमें से कई सपने पहले ही हक़ीक़त बन चुके हैं।

अब, मैं चाहती हूँ कि आप एक काम करें।

बस एक पल रुकिए और अपने आस-पास देखिए।

उस ज़िंदगी को देखिए जो आज आपके पास है।

शायद आपके पास एक नौकरी है जो आपके बिल भरती है। हो सकता है यह अभी आपके सपनों की नौकरी न हो, लेकिन कहीं न कहीं, कोई बिल्कुल ऐसे ही एक मौक़े के लिए दुआ कर रहा है।

शायद आपके पास एक सेहतमंद शरीर है जो आपको चलने, काम करने, सफ़र करने, और ज़िंदगी का अनुभव करने देता है। बहुत-से लोग वह पाने के लिए कुछ भी दे देंगे।

शायद आपके पास हर शाम लौटने के लिए एक घर है। शायद आपकी रसोई में खाना है, सोने के लिए एक बिस्तर है, और ऐसे लोग हैं जो आपकी परवाह करते हैं।

शायद आपके पास माता-पिता, भाई-बहन, एक साथी, दोस्त, या यहाँ तक कि एक ऐसा इंसान है जो सच में आपका भला चाहता है।

आपकी अलमारी के कपड़े। वह इंटरनेट कनेक्शन जो आपको सीखने और बढ़ने देता है। वे छोटी-छोटी चीज़ें जो आप हर दिन बिना सोचे इस्तेमाल करते हैं।

ज़िंदगी की मज़ेदार बात यह है कि हम अपनी नेमतों के इतने आदी हो जाते हैं कि वे सामान्य लगने लगती हैं।

जो कभी एक सपना था वह दिनचर्या बन जाता है।

जो कभी एक दुआ थी वह कुछ ऐसा बन जाता है जिस पर हमारा ध्यान भी मुश्किल से जाता है।

मैं यह नहीं कह रही कि आप बड़े सपने देखना बंद कर दें। सपने देखते रहिए। बढ़ते रहिए। बनाते रहिए।

लेकिन बीच-बीच में, रुकिए और यह सराहिए कि आप पहले ही कितनी दूर आ चुके हैं।

क्योंकि इस बात की पूरी संभावना है कि आप पहले से ही ऐसी ज़िंदगी जी रहे हैं जिस पर आपके पुराने रूप को बेहद गर्व होता।

अगर आपका पुराना रूप आज आपकी ज़िंदगी देख पाता, तो वह किस बात पर सबसे ज़्यादा मुस्कुराता? 🩶

निरंतरता तो प्रतिभा को भी मात दे सकती है

बचपन से, मैं हमेशा प्रतिभाशाली लोगों और उनके असाधारण होने से मोहित रही। कुछ बहुत अच्छा गाते हैं, कुछ नाचते हैं, कुछ बहुत होशियार हैं, और कुछ बेहद बुद्धिमान। एक बच्ची के रूप में, मैं हमेशा सोचती थी कि वे यह कैसे करते हैं।

मैंने भी ऐसा बनने की कोशिश की, हालाँकि मुझे कभी पक्का नहीं था कि मैं ऐसी थी या नहीं।

लेकिन पिछले कुछ महीनों में मुझे एक बात समझ आई है कि निरंतरता, भले ही आप किसी चीज़ में औसत हों, उस प्रतिभा को मात दे सकती है जो निरंतर नहीं है।

मेरे लिए असल ज़िंदगी का उदाहरण है यह किताब लिखना।

क्या जब मैंने शुरू किया तब मैं सबसे अच्छी लेखिका थी? बिल्कुल नहीं।

दरअसल, सालों तक मैं इसे टालती रही। मुझे लगता था कि मुझे और ज्ञान, और अनुभव, और आत्मविश्वास, या शायद परफ़ेक्ट वक़्त चाहिए।

लेकिन यह किताब इसलिए नहीं लिखी गई कि मैं अचानक प्रतिभाशाली बन गई।

यह इसलिए लिखी गई क्योंकि मैं लगातार आती रही।

कुछ दिन मैंने बहुत लिखा। कुछ दिन मैंने सिर्फ़ कुछ पन्ने संपादित किए। कुछ दिन मैं सफ़र पर थी, काम में व्यस्त, या बस मूड में नहीं थी। लेकिन मैं इसके पास लौटती रही।

पन्ने दर पन्ने, अध्याय दर अध्याय, किताब धीरे-धीरे आकार लेने लगी।

अगर किसी ने एक दिन का काम देखा होता, तो वह प्रभावशाली नहीं लगता। लेकिन सैकड़ों छोटी-छोटी कोशिशें मिलकर कुछ सार्थक रच गईं।

तभी मुझे सच में समझ आया कि निरंतरता ताक़तवर है।

प्रतिभा शायद आपको तेज़ी से शुरू करने में मदद करे, लेकिन निरंतरता आपको पूरा करने में मदद करती है।

अब, यह बात मुझे मोहित करती है।

मैं जितना ज़्यादा ज़िंदगी को देखती हूँ, उतना ही मुझे दिखता है कि हर दिन दोहराई गई छोटी कोशिशें अक्सर कभी-कभार की चमक के मुक़ाबले बड़े नतीजे रचती हैं।

कुछ लोग ज़िंदगी की हर हालत में, अच्छे वक़्त में और बुरे वक़्त में, इतने अनुशासित होते हैं।

पिछले कुछ महीनों में, मुझे यह भी एहसास हुआ है कि अनुशासन ही सबसे बड़ी आज़ादी है।

कैसे?

ज़रा सोचिए कि अच्छे दिन या बुरे दिन आपकी काम की दिनचर्या को प्रभावित न करने दें। यह अपने ही विचारों से आज़ाद होने जैसा है।

इससे ज़्यादा ताक़तवर कुछ नहीं हो सकता।

प्रतिभा के साथ निरंतरता, बेशक, सबसे बेहतरीन मेल है। लेकिन शायद, भले ही आप सबसे ज़्यादा प्रतिभाशाली न हों, निरंतरता फिर भी बहुत-सी चीज़ों को मात दे सकती है।

और मेरा मानना है कि लंबे दौर में, लोग शायद ही कभी इसलिए हारते हैं कि उनमें प्रतिभा की कमी है। अक्सर, वे इसलिए हारते हैं क्योंकि वे आना बंद कर देते हैं।

आपकी ज़िंदगी का वह एक कौन-सा क्षेत्र है जहाँ अगले 365 दिन निरंतर रहना सब कुछ बदल सकता है, भले ही आप कमरे में सबसे प्रतिभाशाली इंसान न हों? 🤍

हर दिन 1% बेहतर करना

क्या आपने कभी रुककर, भागना बंद करके, बस बैठकर सोचा है कि मैं ज़िंदगी में आख़िर किसके लिए भाग रहा हूँ?

बचपन से, पहले क्लास में नंबरों के लिए, फिर कॉलेज, फिर नौकरी, फिर काम। हम सब इतना भाग रहे हैं, लेकिन हम सब आख़िर पहुँच कहाँ रहे हैं?

मुझे लगता है हम सब बार-बार एक सीधी रेखा में भाग रहे हैं, एक ही शुरुआती बिंदु और एक ही आख़िरी बिंदु के साथ।

हर दिन एक जैसा शुरू होता है और एक जैसा ख़त्म होता है। शायद दो साल पहले समस्याएँ एक जैसी थीं, और अब भी वही हैं।

तो हम सब आख़िर क्या हासिल करने की कोशिश कर रहे हैं अगर कुछ चीज़ें हमेशा एक जैसे ही नतीजे लाती हैं? एक दिन मैं रुकी और ख़ुद से एक अलग सवाल पूछा।

बस चीज़ें करने के बजाय, मैंने कल से 1% बेहतर बनने की कोशिश करनी शुरू की।

किसी बड़े बदलाव से नहीं, बल्कि शायद एक छोटी आदत से। नहाने के बाद सोना, ख़ुद पर थोड़ा और काम करना, अपना ज्ञान बेहतर करना, अपनी बुनियादी ज़रूरतों का ख़याल रखना, अच्छी नींद लेना, अच्छा खाना, समय पर उठना, और भविष्य के लिए कुछ जोड़ने की कोशिश करना।

बड़े बदलावों से शुरू करने के बजाय, मैंने छोटे बदलावों से शुरू किया जैसे चीज़ों को बेहतर संभालना, अपनी भावनाओं को बेहतर संभालना, काम को बेहतर संभालना, और अपने आस-पास के लोगों के साथ बेहतर बर्ताव करना।

और धीरे-धीरे, बहुत धीरे-धीरे, मैं बदलने और ख़ुद का एक बेहतर रूप बनने लगी।

शायद बड़ा बदलाव ऐसे ही शुरू होता है। जैसे शरीर बनाते वक़्त, शुरुआत में आप उसे महसूस कर सकते हैं, दुनिया के देखने से पहले।

तो शायद एक दिन में सब कुछ ठीक करने की ज़रूरत नहीं है। शायद यह एक बार में एक दिन, एक बार में एक क़दम, और हर दिन 1% बेहतर है।

छोटे सुधार एक दिन में अनदेखे लग सकते हैं, लेकिन वक़्त के साथ वे एक बिल्कुल अलग ज़िंदगी रच देते हैं।

एक नई भाषा सीखने के बारे में सोचिए।

अगर आप आज सिर्फ़ एक नया शब्द सीखते हैं, तो कुछ नहीं बदलता।

कल, एक और शब्द। फिर भी कुछ ख़ास नहीं।

एक हफ़्ते बाद, यह ज़्यादा नहीं लगता।

लेकिन एक साल बाद, वे छोटे शब्द सैकड़ों शब्द, बातचीत, आत्मविश्वास, और एक बिल्कुल नया हुनर बन जाते हैं।

ज़िंदगी में भी यही होता है।

वह एक छोटी आदत कौन-सी है जो आज महत्वहीन लग सकती है, लेकिन अगले साल भर अगर आप उसे जारी रखें तो आपकी ज़िंदगी को पूरी तरह बदल सकती है? 🩶

हर दिन ख़ुद को आगे धकेलना

पिछले कुछ हफ़्तों से, मैं अपने काम में ख़ुद को आगे धकेल रही हूँ। शायद लंबे समय से मैं ख़ुद को इस तरह नहीं धकेल रही थी, क्योंकि ज़िंदगी में कहीं न कहीं आराम हमारा नया दोस्त बन जाता है। आराम के साथ रहना अच्छा लगता है। आराम के साथ, कोई दबाव नहीं होता, कोई उतार-चढ़ाव नहीं होता, और हमें लगता है कि हम स्थिर हैं।

लेकिन क्या आपने कभी कोई हीरा बिना दबाव से गुज़रे चमकते देखा है? यह सिर्फ़ हीरों और ज़िंदगी की चीज़ों के बारे में नहीं है। यह हम इंसानों के बारे में भी है। हम सब एक जैसे हैं। शायद कभी-कभी जब हम किसी काम के दबाव में होते हैं, तो हमें उसे छोड़ देना ठीक लगता है। लेकिन वह चरित्र और निरंतरता कैसे बनेगी अगर हम उससे गुज़रेंगे ही नहीं?

तो, ज़िंदगी में हम जिस भी चीज़ का सामना करते हैं, उसका अपना एक मौसम होता है। इसे समझने में मुझे थोड़ा वक़्त लगा, लेकिन आख़िरकार मुझे ज़िंदगी की चीज़ों के प्रति यह समझ और स्वीकार्यता मिल गई।

तो शायद **मक़सद यही है कि जो भी हमारे सामने आए उसमें अपना सर्वश्रेष्ठ दें, और सिर्फ़ आसान चीज़ न चुनें।**

आख़िरकार, ज़िंदगी का क्या मतलब अगर हम उसे अपनी पूरी क्षमता के साथ जी ही नहीं रहे?

हर छोटी चुनौती हमें ख़ुद के बारे में कुछ सिखाती है। हर बार जब हम आराम के बजाय तरक्की चुनते हैं, हम थोड़ा और मज़बूत बनते हैं। मक़सद हर दिन परफ़ेक्ट होना नहीं है, बल्कि आते रहना है। क्योंकि निरंतरता आत्मविश्वास रचती है, और आत्मविश्वास नतीजे रचता है।

पीछे मुड़कर देखती हूँ, तो **मुझे एहसास होता है कि जिन चीज़ों ने मुझे बढ़ने में मदद की उनमें से कई उस वक़्त आसान नहीं थीं।** फिर भी, वही पल मुझे एक मज़बूत रूप में गढ़ गए। शायद ज़िंदगी ऐसे ही चलती है, हमसे उससे आगे खिंचने को कहकर जो आरामदेह लगता है, ताकि हम जान सकें कि हम सच में किस क़ाबिल हैं।

गाड़ी चलाना सीखने के बारे में सोचिए। शुरुआत में, हममें से ज़्यादातर लोग घबराते हैं। हम हर मोड़, हर ब्रेक, और अपने आस-पास की हर गाड़ी पर ज़रूरत से ज़्यादा सोचते हैं। यह असहज लगता है, और कभी-कभी हमें लगता है कि हार मान लें। लेकिन कुछ महीने नियमित रूप से गाड़ी चलाने के बाद, कुछ बदलता है। वही सड़कें जो कभी डरावनी लगती थीं, सामान्य हो जाती हैं। सड़क नहीं बदली! हम बदले। तरक्की अक्सर इसी तरह काम करती है। जो आज मुश्किल लगता है वह कल स्वाभाविक बन सकता है अगर हम आते रहें।

वह एक कौन-सी चीज़ है जिसे आप इसलिए टाल रहे हैं क्योंकि वह असहज लगती है, जबकि आप जानते हैं कि यह आपको बढ़ने में मदद कर सकती है?"

कामयाब होने का सबसे तेज़ रास्ता

मैं हमेशा यह मानती थी कि सभी कामयाब लोगों में कुछ अतिरिक्त होता है जो उन्हें वह बनाता है जो वे हैं। आज मैं एक ऐसे इंसान से मिली जो बहुत कामयाब और ज़िंदगी में बहुत विनम्र भी था।

उनके साथ बैठते हुए, मैंने पूछा, "आपको आज जो आप हैं वह किसने बनाया?"

उन्होंने मेरी ओर देखा, मुस्कुराए, और कहा, "बस वर्तमान और मौजूदा पल में 100% होना।"

मेरे जिज्ञासु मन ने पूछा, "आप न तो अतीत के बारे में सोचते हैं और न ही भविष्य के बारे में?"

उन्होंने मुझसे एक और सवाल पूछा, "क्या सच में उन पर मेरा कोई क़ाबू है?"

मैं एक पल रुकी और बोली, "नहीं।"

उन्होंने विनम्रता से मुझे बताया, "**कामयाबी उसी को क़ाबू में करने में है जो मेरे बस में है, और उस वर्तमान पल में अपना सर्वश्रेष्ठ देने में है।**" यह इतना सीधा था, और मैं सोचती थी कि कामयाबी के पीछे कोई रॉकेट साइंस है।

नहीं, कहीं भी पहुँचने का सबसे तेज़ रास्ता बस मौजूदा पल पर ध्यान देना है। बस इतना ही। यह आसान लगता है, लेकिन एक ऐसे मन को लगातार क़ाबू में रखना मुश्किल है जो किसी ऐसी चीज़ में भटकना पसंद करता है जिसे वह क़ाबू में नहीं कर सकता—अतीत या भविष्य।

साँस अंदर और बाहर लेना, वर्तमान में रहना, और बस 100% वहाँ होना—शायद आख़िरकार यही राज़ है।

मैं जितना बढ़ती हूँ, उतना ही मुझे एहसास होता है कि ज़िंदगी मौजूदगी को इनाम देती है।

जब हम अपने सामने के काम को अपना पूरा ध्यान देते हैं, तो हम स्वाभाविक रूप से बेहतर प्रदर्शन करते हैं, तेज़ी से सीखते हैं, और गहरे अनुभव रचते हैं।

शायद कामयाबी भविष्य में कहीं हमारा इंतज़ार करती कोई मंज़िल नहीं है। शायद कामयाबी बस आज पूरी तरह आना, अपना सर्वश्रेष्ठ देना, और हर एक दिन उसे दोहराना है।

पहले, मुझे लगता था कि वर्तमान में रहना आसान नहीं है। मेरे दिमाग़ में हमेशा इतना कुछ चलता रहता था—भविष्य की योजनाएँ, अधूरे काम, उम्मीदें, और वे चीज़ें जो मैं हासिल करना चाहती थी।

लेकिन धीरे-धीरे, मैंने कुछ सीधी-सी चीज़ें करनी शुरू कीं।

मैंने हर दिन एक डायरी में अपने काम एक-एक करके लिखने शुरू किए। रात को, मैं अपने दिन पर पीछे मुड़कर देखती और

ख़ुद से पूछती, "आज मैंने क्या अच्छा किया?" और "कल मैं क्या बेहतर कर सकती हूँ?"

मैंने अपने अगले दिन की टू-डू सूची एक रात पहले बनानी शुरू की। काम पर जुटने से पहले, मैंने पहले काग़ज़ पर अपनी योजनाएँ लिखने की आदत बनाई।

ये बहुत छोटी चीज़ें हैं, लेकिन इन्होंने मुझे अपने मन में चल रही हर चीज़ में खोने के बजाय अपने सामने की चीज़ पर केंद्रित रहने में मदद की। इन्होंने मुझे उन चीज़ों को अपना सर्वश्रेष्ठ देने में मदद की जिन्हें सच में मेरे ध्यान की ज़रूरत थी।

शायद वर्तमान में रहना हमेशा अपना मन पूरी तरह ख़ाली करने के बारे में नहीं है। कभी-कभी यह बस इतनी स्पष्टता रचने के बारे में है कि आपका मन जान ले कि आगे किस पर ध्यान देना है।

क्या आप ये चीज़ें कर रहे हैं?

अगर नहीं, तो अगले 30 दिन इन्हें लगातार आज़माइए। अपनी योजनाएँ लिखिए, अपने दिनों को ट्रैक करिए, और अपनी प्रगति की समीक्षा करिए। फिर बदलाव ख़ुद देखिए।

हम सबको याद दिलाने की ज़रूरत होती है

क्या आपने ग़ौर किया है कि हम सब कहीं न कहीं ठीक-ठीक जानते हैं कि क्या करना है? हम ज़िंदगी में सही चीज़ जानते हैं, और फिर भी, यह जानने के बावजूद, हम हमेशा वह नहीं करते जो करना ज़रूरी है।

ऐसा क्यों है?

शायद इसलिए कि सही चीज़ न करना और बार-बार ख़ुद को सुधारते रहना आसान है। हम सब बेहतर करना चाहते हैं, लेकिन हम उन चीज़ों को करने की तत्परता खो देते हैं जो ज़िंदगी में सच में मायने रखती हैं। शायद हम सब कभी-कभी चीज़ों को हल्के में ले लेते हैं: समय, सेहत, और कभी-कभी उन लोगों को भी जिनसे हम प्यार करते हैं।

और इसीलिए हम अपनी क्षमता बरबाद करने के लिए तैयार रहते हैं। शायद हम सबको ज़िंदगी में याद दिलाने की ज़रूरत होती है।

हम किसी बीमारी के बाद सेहत की क़द्र करने लगते हैं। कुछ लोगों की क़द्र किसी को खोने के बाद होती है। कभी-कभी याद दिलाने वाली चीज़ें कठोर तरीक़ों से आती हैं, और कभी-कभी हम चीज़ों को ख़ुद ही समझ लेते हैं।

मेरा मानना है कि हम सबमें क्षमता है। कभी-कभी बस हमारे आस-पास के कुछ लोग ही हमें वह दिखाने और उसे गंभीरता से लेने में मदद करते हैं।

मैंने यह अपनी ज़िंदगी में भी देखा है। ऐसे दौर थे जब मैं पहले से ही जानती थी कि मुझे क्या करना है; किताब लिखना, निरंतर रहना, लोगों से फ़ॉलो-अप करना, अपनी सेहत का ख़याल रखना, और अपने सपनों के लिए आते रहना। **ज्ञान पहले से ही था। मुझे जिसकी ज़रूरत थी वह थी एक याद दिलावट।**

कभी वह याद दिलावट एक बातचीत के ज़रिए आई। कभी वह नाकामी के ज़रिए आई। कभी वह किसी और को वह ज़िंदगी जीते देखकर आई जिसे रचने के क़ाबिल मैं ख़ुद को जानती थी।

एक याद दिलावट हमेशा हमें कुछ नया नहीं सिखाती। कई बार, यह बस हमें उस ओर वापस ले आती है जो हमारा दिल पहले से ही जानता है। यह हमें उन वादों की याद दिलाती है जो हमने ख़ुद से किए थे और उस इंसान की जो हम बनने की कोशिश कर रहे हैं।

शायद तरक्की लगातार नए सबक़ सीखने के बारे में नहीं है। शायद तरक्की ज़रूरी सबक़ों को इतनी बार याद रखने के बारे में है कि हम आख़िरकार उन्हें जीने लगें।

ज़्यादातर, मैं अपनी माँ से याद दिलावट लेती हूँ।

मैं अक्सर उन्हें अपने लक्ष्यों, सपनों, और उन चीज़ों के बारे में बताती हूँ जो मैं हासिल करना चाहती हूँ। क्योंकि वह जानती हैं कि मेरे लिए क्या मायने रखता है, इसलिए वह फ़ॉलो-अप करती रहती

हैं। जब मैं धीमी पड़ती हूँ, ध्यान भटकाती हूँ, या चीज़ें टालने लगती हूँ, तो वह मुझे उन वादों की याद दिलाती हैं जो मैंने ख़ुद से किए थे।

कभी-कभी हम सबको अपनी ज़िंदगी में किसी ऐसे इंसान की ज़रूरत होती है। ऐसा कोई नहीं जो हमें परखे, बल्कि ऐसा कोई जो सच में हमें बढ़ते देखना चाहता हो। ऐसा कोई जो हमारे लक्ष्य भूलने पर हमें याद दिलाए। ऐसा कोई जो आरामदेह होने पर हमें धकेले और मुश्किल वक़्त में हमारा सहारा बने।

अगर आपकी ज़िंदगी में ऐसा कोई इंसान है, तो उनकी क़द्र करिए।

और अगर नहीं है, तो शायद किसी को ढूँढने का वक़्त आ गया है।

किसी ऐसे इंसान को ढूँढिए जो आपको आपकी क्षमता की याद दिला सके, आगे बढ़ते रहने के लिए हौसला दे, और आपके सपनों की ओर सफ़र में आपके सबसे बड़े सहारों में से एक हो।

क्या मैं ख़ुद ही ख़ुद को कामयाब होने से रोक रही हूँ?

इन सालों में, मैंने बहुत-सी चीज़ें सीखीं। बाहरी दुनिया से ज़्यादा, मैंने ख़ुद के बारे में ज़्यादा समझा।

मैं आमतौर पर सोचती थी, "वह या वह मुझे नहीं समझता। मुझे लगता है यह मेरे लिए है, और यह मेरे लिए नहीं है।"

एक दिन, मैं एक कामयाब इंसान से मिली और ख़ुद से यह सवाल पूछा: "इतनी सारी चीज़ें हैं जो मैं करना चाहती हूँ, लेकिन मुझे यह और वह महसूस होता है। ऐसा क्यों है?"

उन्होंने जवाब दिया,

"आपको ख़ुद को हल्के में लेना चाहिए, हर चीज़ को इतनी गंभीरता से नहीं लेना चाहिए।" मैं सोचने लगी कि इसका क्या मतलब है। फिर उन्होंने मुझसे एक और सवाल पूछा: **"क्या आप अपने जैसे ही किसी इंसान को अपना लाइफ़ कोच रखना चाहेंगी?"**

मैंने जवाब दिया,

"अगर मुझे कोच रखने का मौक़ा मिले तो मैं ख़ुद से ज़्यादा कामयाब इंसान को रखूँगी।"

मैं बिल्कुल अपने जैसे ही किसी को क्यों चुनूँगी?

फिर उन्होंने जवाब दिया,

"तो फिर आप ख़ुद की इतनी क्यों सुनती हैं?"

वह सवाल लंबे समय तक मेरे साथ रहा।

मैं उन सभी हुनरों के बारे में सोचने लगी जो मैं सीख सकती थी, उन सभी मौक़ों के बारे में जो मैं ले सकती थी, और उन सभी क्षेत्रों के बारे में जिन्हें मैं बेहतर कर सकती थी अगर मैंने उन लोगों की ज़्यादा सुनी होती जो उन क्षेत्रों में पहले से नतीजे ला रहे थे।

कभी-कभी हम उन लोगों की सलाह से ज़्यादा अपने ख़ुद के डर, शक, और भावनाओं पर भरोसा करते हैं जो वह राह पहले ही चल चुके हैं।

बेशक, आत्म-सम्मान और आत्म-मूल्य ज़रूरी हैं। लेकिन आत्म-सम्मान और अपने अहंकार को यह यक़ीन दिलाने देने के बीच एक फ़र्क़ है कि हम पहले से ही सब कुछ जानते हैं।

बुद्धिमान होना सारे जवाब रखने के बारे में नहीं है। कभी-कभी यह पहचानने के बारे में है कि किसके पास जवाब हैं और उनसे सीखने को तैयार होने के बारे में है।

अगर किसी ने वह हासिल किया है जो आप हासिल करना चाहते हैं, तो शायद अपने दिमाग़ की उस आवाज़ की सुनने से पहले उनकी सुनना सही है जो आपको आरामदेह रखने की कोशिश कर रही है।

भावनाओं को गुज़र जाने दीजिए। आप जिससे भी गुज़र रहे हैं वह गुज़र जाएगा। उन्हें हल्के में लीजिए और वही करिए जो ज़रूरी है।

आख़िरकार, सही चीज़ करिए, वह चीज़ नहीं जो सिर्फ़ अच्छी लगती है।

अचानक इसने मुझे हैरान कर दिया। उन सब सालों में, क्या मैं ही ख़ुद को रोक रही थी? क्या हम सब कभी-कभी ऐसा नहीं करते?

फिर से शुरू करो, फिर से ध्यान लगाओ, फिर से राह पर आओ

मैं हमेशा इन तीन शब्दों को कई जगहों पर सुनती थी। पहले, ये बस शब्द थे, लेकिन धीरे-धीरे, ज़िंदगी में, मुझे एहसास होने लगा कि ये इनसे कहीं ज़्यादा थे।

कई बार ज़िंदगी ने मुझे ऐसे दिन दिए जब मुझे लगा कि बस अब सब ख़त्म है। मैं थकी हुई, बेहाल थी, और मुझे लगता था कि अब मैं चीज़ें नहीं बदल सकती। अचानक, ये शब्द समझ में आने लगे: फिर से शुरू करो, फिर से ध्यान लगाओ, और फिर से राह पर आओ।

मैंने एक बार एक कहानी सुनी थी। एक छोटा लड़का एक थैला लेकर एक लंबे सफ़र पर चल रहा था। हर बार जब उसे रास्ते में किसी पत्थर से चोट लगती, वह गुस्सा हो जाता और उस पत्थर को अपने थैले में डाल लेता।

पहली बार जब उसे चोट लगी, उसने पत्थर उठाकर अपने थैले में रख लिया। थोड़ी देर बाद, उसे फिर चोट लगी और उसने दूसरा पत्थर जोड़ लिया। इसी तरह, बीस बार उसने अपने थैले में पत्थर जोड़ते रहे।

फिर एक वक़्त आया जब थैला इतना भारी हो गया कि वह न तो और चल सका और न ही सफ़र पूरा कर सका।

कई बार हम सब यही करते हैं। मैंने भी यही किया है। शुक्र है कि मैं हमेशा अपनी ज़िंदगी में सही लोगों से नवाज़ी गई जिन्होंने मुझे याद दिलाया। लेकिन कई बार ऐसा भी हुआ जब मुझे ख़ुद को याद दिलाना पड़ा।

कभी-कभी ये पत्थर असली पत्थर नहीं होते। ये निराशाएँ, नाकामियाँ, पछतावे, आत्म-संदेह, और पुरानी कहानियाँ होती हैं जिन्हें हम ढोते रहते हैं। हम इन्हें जितना ज़्यादा पकड़े रहते हैं, हमारा सफ़र उतना ही भारी होता जाता है।

तभी हमें फिर से शुरू करने की ज़रूरत होती है। इसलिए नहीं कि हम नाकाम हुए, बल्कि इसलिए कि हम एक और मौक़े के हक़दार हैं। हमें उस पर फिर से ध्यान लगाने की ज़रूरत है जो सच में मायने रखता है, और उस ज़िंदगी से ख़ुद को फिर से जोड़ने की जिसे हम रचना चाहते हैं।

चाहे कितनी ही बार लगे, **मैं पहले दिन से फिर शुरू करूँगी, फिर से ध्यान लगाऊँगी, और फिर से राह पर आऊँगी, जब तक मैं अपने लक्ष्य तक न पहुँच जाऊँ।** आज मुझे उस इंसान पर बहुत गर्व है जो मैं बन रही हूँ। चाहे जो भी ग़लत होता रहे, मैं आगे बढ़ती रहूँगी।

अपनी ज़िंदगी पर पीछे मुड़कर देखती हूँ, तो मेरी कुछ सबसे बड़ी कामयाबियाँ उन पलों के बाद आईं जब मैं पूरी तरह थकी हुई महसूस करती थी। फिर से शुरू करने का फ़ैसला कभी आसान नहीं था, लेकिन यह हमेशा इसके लायक़ था। **शायद यही असली**

राज़ है; कभी न गिरना नहीं, बल्कि हमेशा फिर से उठ खड़ा होना।

एक पल रुकिए और अपनी ज़िंदगी पर पीछे मुड़कर देखिए।

आपने कितनी चीज़ें एक नाकामी, एक निराशा, एक अस्वीकृति की वजह से, या इसलिए करना बंद कर दीं क्योंकि चीज़ें वैसी नहीं हुईं जैसी आपने उम्मीद की थी?

कितने सपने, शौक़, बिज़नेस के विचार, फ़िटनेस के लक्ष्य, या निजी लक्ष्य इसलिए पीछे छूट गए क्योंकि एक अध्याय काम नहीं आया?

एक पल सोचिए।

वे कौन-सी चीज़ें हैं जिनकी आप कभी गहराई से परवाह करते थे, लेकिन जिनका पीछा करना आपने बंद कर दिया?

शायद उनके पास दोबारा लौटने का वक़्त आ गया है।

"वह एक कौन-सी चीज़ है जिसे आपने छोड़ दिया था, और जो उस इंसान से एक और मौक़े की हक़दार है जो आप आज बन चुके हैं?" 🩶

कभी-कभी थोड़ा ब्रेक लेना आपको बेहतर बना देता है

मैं अक्सर अपना वक़्त चीज़ों में व्यस्त रहकर बिताती हूँ। जब आप एक बिज़नेस चलाते हैं, तो लगता है कि करने को हमेशा कुछ न कुछ होता है। मैं ज़्यादातर एक बेहद वर्कहॉलिक इंसान रही हूँ।

इस बार, लंबे समय बाद, मैंने ख़ुद के लिए थोड़ा वक़्त निकाला। मैं अपनी रोज़मर्रा की चीज़ों के अलावा लगभग "कुछ नहीं" कर रही थी और काम से जुड़ी गतिविधियों से दूर रह रही थी।

उस दौरान, मुझे एक ज़रूरी बात समझ आई। कई बार, हमें एहसास नहीं होता कि हम बस व्यस्त हैं और ज़रूरी नहीं कि उत्पादक हों।

जैसे ही मैंने फिर से काम शुरू किया, मैंने ग़ौर किया कि मैं ज़्यादा स्पष्टता, ज़्यादा एकाग्रता, और ज़्यादा प्रभावशीलता के साथ काम कर रही थी। इसने मुझे सोचने पर मजबूर किया: **क्या हम कभी-कभी बस यह जाने बिना भाग रहे होते हैं कि हम जा कहाँ रहे हैं?**

मैंने एक लकड़हारे के बारे में एक कहानी सुनी। हर दिन वह पेड़ काटने में मेहनत करता और अपने नतीजे बढ़ाना चाहता था। एक दिन, एक बुज़ुर्ग ने उसे जूझते देखा और पूछा, "तुमने आख़िरी बार अपनी कुल्हाड़ी कब धार की थी?"

लकड़हारे ने जवाब दिया, "मैं पेड़ काटने में इतना व्यस्त हूँ कि रुककर उसे धार नहीं कर सकता।" बुजुर्ग मुस्कुराए और बोले, "बस इसीलिए तुम्हारा काम मुश्किल होता जा रहा है।"

कभी-कभी एक ब्रेक वक़्त की बरबादी नहीं होता।

कभी-कभी यह कुल्हाड़ी को धार करना होता है।

ऐसी पृष्ठभूमि से आते हुए जहाँ मेरे दोनों माता-पिता मेहनत करते थे, मुझे हमेशा लगता था कि अगर मैं काम नहीं कर रही हूँ, तो मैं किसी तरह पीछे छूट रही हूँ। लेकिन सच इससे अलग है।

हम सब अपने-अपने सफ़र पर हैं। कोई बेहतर या बदतर नहीं है। बहुत कुछ इस पर निर्भर करता है कि हम ज़िंदगी को कैसे देखना चुनते हैं।

मेरा मानना है कि ज़िंदगी सिर्फ़ व्यस्त रहने के बारे में नहीं है। यह सफ़र के दौरान अपना सबसे बेहतरीन रूप बनने के बारे में है। और कभी-कभी, बेहतर बनने के लिए हमें रुकना, साँस लेना, सोचना, और फिर नई ऊर्जा के साथ आगे बढ़ना पड़ता है।

मैंने "ज़ूम इन" और "ज़ूम आउट" की अवधारणा कई बार सुनी थी, लेकिन मैं कभी सच में नहीं समझ पाई कि इसका क्या मतलब है।

फिर एक दिन, मैं पहाड़ों की छुट्टी पर गई।

चोटी पर खड़े होकर, मैंने नीचे की दुकानों, सड़कों, बाज़ारों, और इमारतों को देखा। जो चीज़ें उनके बीच खड़े होने पर इतनी बड़ी लगती थीं, वे अचानक दूर से इतनी छोटी लगने लगीं।

इसने मुझे ज़िंदगी के बारे में सोचने पर मजबूर किया।

कभी-कभी हम अपनी समस्याओं, समय-सीमाओं, चिंताओं, और ज़िम्मेदारियों पर इतने ज़ूम इन होते हैं कि हर चीज़ ज़रूरी लगती है। हर छोटी रुकावट बहुत बड़ी लगती है। हर देरी दुनिया के ख़त्म होने जैसी लगती है।

लेकिन जब हम एक पल के लिए ज़ूम आउट करते हैं, तो हमें एक बड़ी तस्वीर दिखती है।

हमें एहसास होता है कि ज़िंदगी उस समस्या से कहीं बड़ी है जिसका हम आज सामना कर रहे हैं। हम समझते हैं कि ज़्यादातर चीज़ें अस्थायी हैं। हमें याद आता है कि कितनी परिस्थितियाँ हमें कभी नामुमकिन लगती थीं, फिर भी किसी तरह हम उनसे गुज़र गए।
उस सफ़र ने मुझे एक सीधी-सी बात सिखाई: **कभी-कभी हमें ज़्यादा कोशिश की ज़रूरत नहीं होती; हमें ज़्यादा नज़रिए की ज़रूरत होती है।** जैसे पहाड़ से नज़ारे ने बदल दिया कि मैं नीचे शहर को कैसे देखती हूँ, वैसे ही एक क़दम पीछे हटना बदल सकता है कि हम अपनी ज़िंदगी को कैसे देखते हैं।

शायद इसीलिए थोड़ा ब्रेक लेना कभी-कभी हमें बेहतर बना देता है। यह हमें ज़ूम आउट करने, साँस लेने, और यह याद रखने का मौक़ा देता है कि सच में क्या मायने रखता है।

क्या आप अपनी मौजूदा स्थिति को बहुत क़रीब से देख रहे हैं? अगर आप एक क़दम पीछे हटकर बड़ी तस्वीर देखें तो क्या बदल सकता है?“ 🩶

ज़िंदगी में छोटे बदलाव

बचपन की एक कहानी थी जो हममें से ज़्यादातर ने सुनी है।

मेरे पापा मुझे पढ़ने के लिए किताबें देते थे, और एक कहानी थी जो सालों तक मेरे साथ रही।

यह एक रस्सी और एक पत्थर की कहानी थी।

आमतौर पर, एक रस्सी पत्थर को नहीं काट सकती।

अगर आप उन्हें अलग-अलग देखें, तो पत्थर मज़बूत है और रस्सी नरम।

लेकिन अगर रस्सी हर एक दिन उसी पत्थर पर रगड़ती रहे, तो आख़िरकार वह एक निशान छोड़ देती है।

और वक़्त के साथ, यह पत्थर में ही एक दिखने वाला कटाव बना सकती है।

आप अब भी कई गाँव के कुओं में यह देख सकते हैं।

हमारे गाँव में भी एक था।

एक बच्ची के रूप में, मुझमें हमेशा देखने की एक नज़र थी।

मैं पत्थर पर उन निशानों को देखती और सोचती कि रस्सी जैसी नरम चीज़ पत्थर जैसी कठोर चीज़ पर इतना गहरा निशान कैसे छोड़ सकती है।

आज, मुझे लगता है कि ज़िंदगी ठीक इसी तरह काम करती है।

हम अक्सर छोटे बदलावों को हल्के में लेते हैं।

हम छोटी कोशिशों को कम आँकते हैं क्योंकि हमें तुरंत नतीजे नहीं दिखते।

अपनी ज़िंदगी में लंबे समय तक, मैं हमेशा बड़े लक्ष्य बनाती थी।

और इसमें बिल्कुल कुछ ग़लत नहीं है।

हम सब ऐसा करते हैं।

हम बेहतर सेहत, बेहतर रिश्ते, एक कामयाब करियर, ज़्यादा पैसा, और एक बेहतर ज़िंदगी चाहते हैं।

लेकिन वक़्त के साथ, मुझे एक ज़रूरी बात समझ आई।

यह बड़े लक्ष्य नहीं हैं जो आपकी ज़िंदगी बदलते हैं।

यह वे छोटी कोशिशें हैं जिन्हें आप हर दिन दोहराते हैं।

हर दिन 15 मिनट वर्कआउट करना हफ़्ते में एक बार एक घंटे वर्कआउट करने से बेहतर है।

रोज़ 10 पन्ने पढ़ना हर कुछ महीनों में एक बार पूरी किताब पढ़ने से बेहतर है।

लगातार थोड़ी-थोड़ी बचत करना अक्सर निवेश शुरू करने के परफ़ेक्ट वक़्त का इंतज़ार करने से बेहतर है।

हर दिन एक सेहतमंद भोजन सिर्फ़ दो दिन परफ़ेक्ट खाने की कोशिश से ज़्यादा मायने रखता है।

छोटी कोशिशें उस पल में महत्वहीन लग सकती हैं।

बिल्कुल जैसे रस्सी का एक बार पत्थर को छूना कुछ नहीं करता।

लेकिन काफ़ी बार दोहराई जाने पर, वे एक ऐसा नतीजा रचती हैं जो असाधारण दिखता है।

जब मैं अपने सफ़र पर पीछे मुड़कर देखती हूँ, तो मुझे नहीं लगता कि मेरी ज़िंदगी किसी एक बड़े फ़ैसले की वजह से बदली।

यह बार-बार दोहराए गए बहुत-से छोटे फ़ैसलों की वजह से बदली।

थोड़ा और पढ़ने का फ़ैसला।

थोड़ा और सीखने का फ़ैसला।

ख़ुद पर थोड़ा और काम करने का फ़ैसला।

तब भी आने का फ़ैसला जब मन नहीं करता था।

उन छोटी कोशिशों ने धीरे-धीरे आत्मविश्वास बनाया।

उन्होंने धीरे-धीरे अनुशासन बनाया।

उन्होंने धीरे-धीरे मेरा एक अलग रूप बनाया।

यही बात ज़िंदगी के हर क्षेत्र पर लागू होती है।

सेहत के लिहाज़ से। रिश्ते के लिहाज़ से। करियर के लिहाज़ से। पैसे के लिहाज़ से।

अगर आप बड़े नतीजे चाहते हैं, तो बड़े बदलाव करके शुरुआत न करें।

अपनी रोज़मर्रा की दिनचर्या में छोटे बदलाव करके शुरू करें।

क्योंकि वे छोटे बदलाव आख़िरकार आपकी ज़िंदगी बदलने वाले हैं।

लोग अक्सर कामयाबी की तारीफ़ तब करते हैं जब वे उसे देखते हैं।

जो वे नहीं देखते वे हैं वे सैकड़ों आम दिन जिन्होंने उसे रचा।

रस्सी रातोंरात ताक़तवर नहीं बनी।

उसकी ताक़त निरंतरता से आई।

और यही आपके लिए भी सच है।

एक छोटी आदत, एक छोटे सुधार, या एक छोटे आगे के क़दम को कभी कम मत आँकिए।

भाग 5

और बड़े सपने देखना

सपने देखने वाली अब ख़तरनाक बन जाती है।

"मैं अच्छे लोगों और अच्छे मौक़ों पर यक़ीन करना शुरू करूँगा।"

यह समझ में आता है।

लेकिन किसी नकारात्मक चीज़ से गुज़रना और फिर सिर्फ़ उन्हीं अनुभवों के आधार पर ज़िंदगी के फ़ैसले लेना?

क्या यह अजीब नहीं लगता? यह ऐसा कहने जैसा है:

"मैं किसी नकारात्मक चीज़ से गुज़रा, और अब मैं उसे अपने स्वभाव का हिस्सा बनाना चुन रहा हूँ। मैं उसकी वजह से अपना व्यक्तित्व बदलना चुन रहा हूँ।"

मैं अपने सफ़र में ग़लत और सही, दोनों तरह के लोगों से मिली। लेकिन मैंने कभी ग़लत अनुभवों को अपना स्वभाव नहीं बनने दिया। क्योंकि अच्छे लोग मेरे कच्चे रूप को देखने का एक मौक़ा पाने के हक़दार हैं।

मासूम रूप। वह रूप जो भरोसा करता है। वह रूप जो दयालु है।

आज मैं एक ऐसे इंसान से मिली जिसने मुझसे कहा,

"दीदी, मैं एक ऐसी स्थिति से गुज़रा जहाँ लोगों ने मेरे स्वभाव का फ़ायदा उठाया। मैं अपनी ज़िंदगी के बारे में खुलकर बात करता था, लेकिन अब मैं ख़ामोश हो गया हूँ।"

मैंने उससे पूछा क्यों।

उसने मुझे अपने पिछले अनुभवों के बारे में बताया।

मैंने उससे कहा कि यह बदलाव अच्छा नहीं है क्योंकि यह किसी नकारात्मक चीज़ से आता है। ज़िंदगी में बदलाव किसी अच्छी चीज़ के लिए होना चाहिए।

अगर कोई बुरा अनुभव आपको एक सबक़ सिखाता है, तो सबक़ सीखिए।

लेकिन उसे अपने भीतर की अच्छाई बदलने मत दीजिए।

ग़लत लोगों को यह तय मत करने दीजिए कि आप कौन बनते हैं।

जिन लोगों ने आपको तकलीफ़ दी, उनका आपके व्यक्तित्व पर इतना ज़्यादा क़ाबू नहीं होना चाहिए।

ज़िंदगी हमेशा दोनों तरह के लोग लाएगी; वे जो आपको निराश करते हैं और वे जो आपका भरोसा बहाल करते हैं।

यह पक्का करिए कि आप ग़लत लोगों की वजह से इतने सतर्क न हो जाएँ कि सही लोगों को चूक जाएँ।

बदलाव ज़रूरी है। तरक्की ज़रूरी है।

लेकिन सबसे अच्छे बदलाव प्यार, समझदारी, दयालुता, और अच्छे अनुभवों से आते हैं, न कि डर, तकलीफ़, या निराशा से।

अपने सबक़ों की रक्षा करिए, अपने ज़ख़्मों की नहीं।

बुरे अनुभवों से सीखिए, लेकिन उन जैसे मत बन जाइए।

मंज़िल के बजाय सवारी से जुड़ जाना

बड़े होते हुए, हमें हमेशा यही बताया गया: स्कूल में अच्छा करो, फिर एक अच्छे कॉलेज में जाओ, फिर एक अच्छी नौकरी पाओ। आमतौर पर ज़्यादातर लोग इसी तरह ज़िंदगी जीते हैं, और मैंने भी यही किया है।

हम वही करते हैं जो चीज़ों को चलाने के लिए ज़रूरी है। लेकिन मैं अक्सर ख़ुद से एक सवाल पूछती थी। कोई भी काम: चाहे वह बिज़नेस हो, नौकरी हो, या पेशा—यह बस एक सवारी है।

आख़िरकार, मुझे एहसास हुआ कि मैं किसी नौकरी या बिज़नेस की ओर नहीं भाग रही थी। मैं ख़ुद के और अपने परिवार के लिए कामयाब बनने की ओर भाग रही थी।

तो हम सवारी से इतना क्यों जुड़ जाते हैं?

मैं अक्सर ऐसे लोगों से मिलती हूँ जो किसी ख़ास हुनर, पेशे, या राह से गहराई से जुड़े होते हैं। मैं यह नहीं कह रही कि इसमें कुछ ग़लत है। मैं बस एक सवाल पूछ रही हूँ: ज़्यादा ज़रूरी क्या है, सवारी या मंज़िल?

मैंने एक बार एक सीधी-सी कहानी सुनी।

एक मुसाफ़िर एक ख़ूबसूरत पहाड़ी गाँव तक पहुँचना चाहता था। वहाँ पहुँचने के लिए, उसने पहले एक साइकिल का इस्तेमाल किया। कुछ दूरी के बाद, वह एक बस में बदल गया। बाद में, उसने एक नाव से एक नदी पार की।

जब वह आख़िरकार गाँव पहुँचा, तो किसी ने उससे पूछा, "कौन-सी सवारी सबसे ज़रूरी थी?"

मुसाफ़िर मुस्कुराया और बोला, **"वह जिसने मुझे सफ़र के उस पड़ाव पर आगे बढ़ने में मदद की।"**

वह जवाब मेरे साथ रह गया। शायद ज़िंदगी ऐसी ही है। कभी-कभी एक मौक़ा हमारे लिए एक मौसम तक काम आता है। फिर एक और सवारी हमें हमारी मंज़िल के क़रीब ले जाती है।

मेरा मानना है कि हम कोई भी सवारी चलाना सीख सकते हैं अगर वह हमें हमारे अंतिम लक्ष्य और मंज़िल तक पहुँचने में मदद कर रही हो। **मेरे लिए, अंतिम लक्ष्य कभी एक राह से जुड़े रहना नहीं था। यह एक सार्थक ज़िंदगी बनाना था जहाँ मैं एक अच्छी बेटी, एक अच्छी बहन, एक अच्छी साथी, और एक ऐसी इंसान बन सकूँ जो दुनिया को कुछ क़ीमती दे।**

इन सालों में, मैंने ख़ुद को यह कई बार याद दिलाया है। अगर कोई सवारी मुझे वहाँ नहीं ले जा रही जहाँ मैं जाना चाहती हूँ, तो मुझे उसे बदलने से नहीं डरना चाहिए। मंज़िल ज़्यादा मायने रखती है।

आख़िरकार, जो मायने रखता है वह है सही चीज़ें करना, सही नीयत के साथ, किसी को नुक़सान पहुँचाए बिना, और ऐसी ज़िंदगी रचना जो सार्थक, खुशहाल, और कामयाब लगे।

क्या आप किसी ख़ास नौकरी, डिग्री, हुनर, रिश्ते, या योजना को सिर्फ़ इसलिए पकड़े हुए हैं क्योंकि आपने उसमें सालों लगाए हैं?

अब ख़ुद से ईमानदारी से पूछिए:

क्या आप मंज़िल से जुड़े हैं, या आप सवारी से जुड़े हैं?

अगर आपकी मौजूदा राह, नौकरी, बिज़नेस, डिग्री, हुनर, या योजना आपको वहाँ नहीं ले जा रही जहाँ आप सच में जाना चाहते हैं, तो वहाँ बने रहने का क्या मतलब है?

कभी-कभी हिम्मत पकड़े रहने में नहीं होती।

कभी-कभी हिम्मत मंज़िल के प्रति प्रतिबद्ध रहते हुए सवारी बदलने में होती है।

ज़िंदगी में एक बार बिज़नेस ज़रूर बनाओ

जब मैंने लगभग दस साल पहले, क़रीब 2017 में, अपना बिज़नेस का सफ़र शुरू किया, **तो मुझे लगा कि मैं एक बिज़नेस बना रही हूँ। लेकिन सच यह था कि बिज़नेस मुझे बना रहा था।**

जब आप शून्य से कुछ बनाते हैं और उसे बड़ा करने की कोशिश करते हैं, तो यह आपकी ज़िंदगी के हर क्षेत्र को परखता है।

हम सब जानते हैं कि हमें अनुशासन और निरंतरता की ज़रूरत है, लेकिन उन्हें अमल में लाना मुश्किल है। जब मैं अपना बिज़नेस बना रही थी, मेरे पास कोई सुरक्षा जाल नहीं था। मेरे पास गिरने पर सँभालने के लिए कोई सुरक्षित नौकरी नहीं थी।

उस दबाव ने मुझे अनुशासित, मेहनती, और ज़िम्मेदार बनने पर मजबूर किया। मेरे बिज़नेस ने मुझे मेरी ताक़तें और मेरी कमज़ोरियाँ, दोनों दिखाईं। इसने मुझे दिखाया कि मैं कहाँ अच्छी थी, जैसे लोगों को समझना और यह समझना कि वे कैसे सोचते हैं। इसने मुझे यह भी दिखाया कि मुझे ख़ुद पर कहाँ काम करने की ज़रूरत है, ख़ासकर भावनात्मक सीमाएँ और दयालु होने तथा लोगों को खुश करने वाला बनने के बीच का फ़र्क़ सीखना।

सीमाओं, लचीलेपन, और निजी तरक्की के बारे में मैंने जो ज़्यादातर सीखा वह अपना बिज़नेस बनाने के ज़रिए आया।

आज, मैं अपने बिज़नेस की वजह से एक अच्छी ज़िंदगी जीती हूँ, लेकिन इसने मुझे जो सबसे बड़ा तोहफ़ा दिया वह पैसा नहीं था। इसने मुझे एक लचीला इंसान बनने में मदद की। लचीलापन ज़िंदगी के हर क्षेत्र में ज़रूरी है, और मैंने इसे बार-बार नाकाम होकर सीखा।

पहले, मुझे तब तकलीफ़ होती थी जब कोई, ख़ासकर ऐसा कोई जिसमें मैंने वक़्त, ऊर्जा, और क़द्र लगाई थी, मेरी पीठ पीछे बुरी बातें कहता था। जिस भी इंसान से मैं मिली, उसके साथ मेरी नीयत कभी ग़लत नहीं रही, तो मैं सोचती थी कि लोग मेरे सामने और मेरी पीठ पीछे अलग-अलग बर्ताव क्यों करते हैं।

लेकिन वक़्त के साथ, मुझे एक ज़रूरी बात समझ आने लगी। जब लोग गप-शप करते हैं, परखते हैं, या दूसरों के बारे में बुरा बोलते हैं, तो यह अक्सर उस इंसान के बारे में नहीं होता जिसके बारे में वे बात कर रहे हैं। यह उनके बारे में होता है।

लोग सिर्फ़ वही दे सकते हैं जो उनके भीतर है। हर कोई आपको वह नहीं देगा जिसके आप हक़दार हैं। कभी-कभी वे आपको सिर्फ़ वही देंगे जो देने के वे क़ाबिल हैं।

बिज़नेस ने मुझे जो सबसे बड़े सबक़ों में से एक सिखाया, वह था हर किसी से मान्यता का इंतज़ार करना बंद करना और अपने ख़ुद के कामों पर ध्यान देना। मैं सफ़र के हर दौर के लिए शुक्रगुज़ार हूँ; अच्छे दौर और बुरे दौर, दोनों के लिए। हर दौर ने मुझे कुछ क़ीमती सिखाया। इसने मुझे सिखाया कि उस पर ध्यान दूँ जो मेरे हाथ में है और नतीजे ब्रह्मांड पर छोड़ दूँ। वह एक सबक़ ही किसी भी मुनाफ़े से ज़्यादा क़ीमती है जो एक बिज़नेस कमा सकता है।

बस अपनी ज़िंदगी पर पीछे मुड़कर सोचिए।

कितनी बार आपने किसी विचार के बारे में सोचा, उसे शुरू करना चाहा, और फिर नाकामी के डर या कई दूसरी वजहों से ख़ुद को रोक लिया?

बिज़नेस में 2 साल भी आपको किसी और के लिए 10 साल काम करने से बेहतर सिखाते हैं।

बिज़नेस सिर्फ़ मुनाफ़ा नहीं बनाते। वे एक आईने की तरह काम करते हैं। आप जो भी हैं, और जिस भी चीज़ से आप बच रहे हैं, वह आपको दिखने लगेगा। यह आपको ख़ुद को बेहतर समझने में मदद करेगा।

तो, **अगर आपने ख़ुद को कुछ करने से रोका है, तो उसे शुरू करिए। उसे कम से कम 2 साल करिए और देखिए कि एक इंसान के रूप में आप कितने अलग होंगे।**

मानो तब दिखेगा

मैं ज़िंदगी में बहुत-से लोगों से मिली हूँ, और उनसे मिलने के बाद, मुझे एहसास हुआ कि आमतौर पर दो तरह के लोग होते हैं।

एक व्यावहारिक और तार्किक तरह के होते हैं। वे "जब देखूँगा तब मानूँगा" में यक़ीन करते हैं। **अगर उन्होंने कोई चीज़ पहले कभी होते नहीं देखी, तो उन्हें यह मानना मुश्किल लगता है कि वह हो सकती है।** कुछ भी करने से पहले, वे सबूत, उदाहरण, और प्रमाण चाहते हैं। मेरे आस-पास के ज़्यादातर लोग ऐसे ही रहे हैं।

फिर एक और तरह के लोग होते हैं। मैं उन्हें जादुई विश्वासी कहती हूँ। ये वे लोग हैं जो पहले मानते हैं और फिर उसे होते देखते हैं। मैं ख़ुद को अपनी माँ की एक नक़ल कहूँगी। मेरे आस-पास के ज़्यादातर लोग व्यावहारिक हैं, लेकिन **मैंने हमेशा यह माना है कि अगर मैं किसी चीज़ की काफ़ी मज़बूती से कल्पना करूँ और उसके लिए काम करूँ, तो आख़िरकार मुझे वह मिल जाएगी।**

मेरी माँ को, मैंने उन्हें बचपन से देखा है। वह ज़्यादा पढ़ी-लिखी भी नहीं हैं, लेकिन उन्होंने हमेशा पैसा कमाया, बिल्कुल मेरे पापा की तरह। कभी वह भैंस का दूध बेचतीं। कभी वह कपड़े सिलतीं। कभी वह आँगनवाड़ी में काम करतीं। वह हमेशा परिवार के लिए कुछ बेहतर रचने के तरीक़े ढूँढती रहतीं। **वह एक विश्वासी थीं, और उनकी वजह से, मैं चीज़ों को देखने से पहले उन पर यक़ीन करती हूँ।**

जब मैं अपनी ज़िंदगी पर नज़र डालती हूँ, तो मुझे एहसास होता है कि कई चीज़ें हक़ीक़त में आने से पहले मेरी कल्पना में मौजूद थीं। चाहे वह बिज़नेस बनाना हो, आर्थिक रूप से स्वतंत्र होना हो, या यह किताब लिखना हो—मैं उन चीज़ों पर देखने से बहुत पहले यक़ीन कर चुकी थी। अगर मैंने पहले सबूत का इंतज़ार किया होता, तो मैं कभी शुरू ही न करती। इसीलिए मैं "देखूँगा तब मानूँगा" से पूरी तरह सहमत नहीं हूँ। कभी-कभी ज़िंदगी इसके उल्टे काम करती है। मानो तब दिखेगा।

आज मैं जो भी हूँ, वह भी एक ऐसे विचार के रूप में शुरू हुआ जिस पर मैंने अपनी आँखों से देखने से पहले यक़ीन करना चुना।

बस एक पल सोचिए।

100 साल पहले, क्या किसी ने सोचा था कि वे जादुई तरीक़े से दुनिया के किसी भी इंसान से आमने-सामने देखते हुए बात कर सकते हैं?

और आज हम यहाँ हैं।

अपने आस-पास उन चीज़ों को देखिए जो आप रोज़मर्रा की ज़िंदगी में इस्तेमाल करते हैं।

ईयरफ़ोन।

आवाज़ एक डिवाइस पर बज रही होती है, और आप उसे सीधे अपने कानों में सुनते हैं।

आज हम जो भी इस्तेमाल करते हैं, अगर हमारे पूर्वजों ने उसे 100 साल पहले देखा होता, तो शायद उन्हें लगता कि यह सनकपन है, अवास्तविक है, या नामुमकिन है।

इसी तरह, अगर आप एक विश्वासी हैं, तो आख़िरकार आपको वह मिल जाएगा।

तो, वह एक कौन-सी चीज़ है जिसके बारे में सपना देखने से आप इसलिए बच रहे हैं क्योंकि वह बहुत अवास्तविक लगती है?

देखने से पहले पहले यक़ीन करिए, साथ ही ज़रूरी क़दम भी उठाते रहिए।

कभी-कभी हमें लगता है कि कोई चीज़ नामुमकिन है क्योंकि हमने उसे पहले कभी होते नहीं देखा। लेकिन लगभग हर आविष्कार, हर बिज़नेस, हर सपनों की ज़िंदगी, और हर कामयाबी की कहानी हक़ीक़त बनने से पहले किसी की कल्पना में मौजूद थी।

तो, इसका सपना देखिए। इस पर यक़ीन करिए। फिर इसके लिए तब तक काम करिए जब तक दुनिया उससे मेल न खा ले जो आप पहले ही अपने मन में देख चुके हैं।

थोड़ा डिल्यूज़नल बनो: यह ज़िंदगी में तुम्हें और देगा

मैं ज़िंदगी में अक्सर ख़ुद से यह सवाल पूछती हूँ: क्या आप जहाँ खड़े हैं वहाँ खुश हैं, या आप और चाहते हैं?

अगर जवाब 'नहीं' है, तो मैं अपने भविष्य के रूप में जीती हूँ। मुझे वे दिन याद हैं जब खाना और किराया संभालना एक बड़ी बात थी, लेकिन फिर भी मैं मानती थी कि मेरी हक़ीक़त मेरी आख़िरी मंज़िल नहीं है।

मैंने हमेशा ख़ुद के लिए कुछ बड़ा कल्पना किया। मैं हमेशा एक ओवरथिंकर रही हूँ। तो मैंने सोचा, **अगर मुझे वैसे भी ज़रूरत से ज़्यादा सोचना ही है, तो क्यों न सबसे बुरे के बजाय सबसे अच्छे हालात के बारे में ज़रूरत से ज़्यादा सोचूँ?**

अपनी ख़ुद की डिल्यूज़नल दुनिया बनाइए जहाँ आपके पास वह सब कुछ पहले से है जो आपने कभी चाहा। उस दुनिया को अपनी सबसे बेहतरीन कल्पना दीजिए।

मैं अपना घर साफ़ कर रही थी और मुझे एक पुरानी डायरी मिली जहाँ मैंने एक लक्ष्य चिपकाया था: **"ब्लू मर्सिडीज़ GLA" वह लक्ष्य 17 जुलाई 2023 का था।** मज़ेदार बात यह है कि उस वक़्त मैं बस खाना, छत, और अपने परिवार की बुनियादी ज़रूरतें संभाल रही थी। फिर भी मैंने वह सपना लिख डाला।

वह सपना 2023 में सच नहीं हुआ। यह 2024 में सच हुआ। शायद मुझे यह पूरी तरह यक़ीन करने में एक साल लगा कि यह मुमकिन है। जब मैंने आख़िरकार वह मर्सिडीज़ ख़रीदी, तो मुझे एक ज़रूरी बात समझ आई: यह कभी सच में मर्सिडीज़ के बारे में नहीं था। यह उस इंसान के बनने के बारे में था जो यक़ीन करती थी कि वह इसे पा सकती है।

दरअसल, आज मेरे पास जो भी है वह लगभग सब कुछ ऐसी चीज़ के रूप में शुरू हुआ जिसे लोग "डिल्यूज़नल" कह सकते थे।

स्कूल के दिनों में जिस लड़के से मुझे प्यार हुआ, उससे शादी करना। वह ज़िंदगी रचना जो मैं चाहती थी।

बिज़नेस बनाना।

यह किताब लिखना।

एक वक़्त था जब ये सारी चीज़ें सिर्फ़ मेरी कल्पना में मौजूद थीं। मैंने उन्हें देखने से पहले उन पर यक़ीन किया। और मैं सच में मानती हूँ कि अगर आप अपने सपनों के बारे में थोड़े डिल्यूज़नल हैं, तो आप अपने आप ही ज़िंदगी से ज़्यादा पाएँगे।

तो, बड़े सपने देखिए। और बड़ा यक़ीन करिए। फिर हर दिन तब तक काम करिए जब तक आपकी हक़ीक़त आपकी कल्पना से मेल न खा ले।

इसे बेहतर समझने के लिए, मैं इस छोटे लड़के की कहानी साझा करना चाहती हूँ।

एक वक़्त था जब एक गाँव में लंबे समय से बारिश नहीं हुई थी। तो, गाँव वालों ने इंद्र देव (वर्षा के देवता) के लिए एक पूजा करने का फ़ैसला किया ताकि बारिश हो।

गाँव के सारे लोग इकट्ठा हुए, और एक छोटा लड़का था जो एक छाता लेकर आया।

लोगों ने उससे पूछा, "तुम छाता क्यों लाए?"

और उसने कहा, "बारिश होने वाली है। मुझे इसकी ज़रूरत पड़ेगी।"

यह कहानी मैंने ज़िंदगी भर के लिए याद रखी, और मैंने इसे हर जगह लागू करना शुरू किया।

मैंने हमेशा माना कि ब्रह्मांड, या भगवान, हर किसी को देता है। आपको बस माँगने के लिए थोड़ा डिल्यूज़नल होना पड़ता है।

तो, अपने डिल्यूज़नल सपनों को एक डायरी में लिख डालिए। उनके लिए मेहनत करिए। क्या पता, एक दिन, आप अपना घर साफ़ कर रहे हों, वह डायरी मिले, और एहसास हो कि उसमें लिखी हर चीज़ सच हो गई है?

कभी-कभी, थोड़ा डिल्यूज़नल होना सबूत मिलने से पहले यक़ीन रखने का ही एक और नाम है।

भाग 6

सैवेज

न रूखापन। न बग़ावत। बस सच्चापन।

ज़िंदगी का सबसे बुरा दौर भी अच्छा होता है

हाँ, जब मैं कहती हूँ कि ज़िंदगी का सबसे बुरा दौर भी अच्छा होता है, तो मेरा यही मतलब है। आप सोच रहे होंगे, "कैसे?"

कभी-कभी यह बेहद तकलीफ़देह होता है। ज़िंदगी की मुश्किलों का सामना करते वक़्त रातों की नींद उड़ जाती है। हम ख़ुद पर, अपने फ़ैसलों पर, और कभी-कभी तो अपने भविष्य पर भी सवाल उठाने लगते हैं।

लेकिन मैं आपको एक बात बताती हूँ।

आज मेरे पास जो भी अच्छी चीज़ें हैं, उनमें से ज़्यादातर मेरे सबसे बुरे दौर से ही जन्मी हैं। मेरी ज़िंदगी बदल देने वाले फ़ैसले तभी आए जब मैं अपने सबसे निचले मुक़ाम पर थी।

मुझे याद है, मैं अपनी सेहत को हल्के में लेती थी। फिर मुझे डिस्क के दर्द की तकलीफ़ हुई, और अचानक मैं अपनी सेहत को लेकर गंभीर हो गई।

मुझे याद है, कुछ हालातों में बेबस महसूस करना और सिर्फ़ इसलिए लोगों को संभालना क्योंकि मेरे पास कोई और चारा नहीं था। अपनी नौकरी में मुझमें प्रतिभा थी, लेकिन कई लोगों की तरह

मैं भी ऐसे हालातों से गुज़री जहाँ मुझे लगा कि मेरी कोई नहीं सुन रहा और मैं बेबस हूँ।

उन अनुभवों ने मुझे एक फ़ैसला लेने पर मजबूर किया।

मैंने तय किया कि मैं इतनी कामयाब बनूँगी कि मेरे पास उन चीज़ों को "ना" कहने की ताक़त हो जो मैं अपनी ज़िंदगी में नहीं चाहती।

यही एक वजह है कि मैंने अपने बिज़नेस शुरू किए।

आर्थिक मुश्किलों से गुज़रने ने मुझे एक और अहम फ़ैसला लेने पर मजबूर किया। मैंने ख़ुद से वादा किया कि मैं अपनी मेहनत में निरंतर रहूँगी और कामयाबी को कभी हल्के में नहीं लूँगी।

ज़िंदगी काफ़ी हद तक मारियो गेम जैसी है।

जब लेवल मुश्किल हो जाता है और हम उसे किसी तरह पार कर लेते हैं, तो हमें एक नई सुपरपावर मिल जाती है।

ज़िंदगी में भी ठीक यही होता है।

ज़िंदगी के किसी भी हिस्से में जब भी आप सबसे बुरे दौर से गुज़रते हैं, तो वह आपको किसी बड़ी चीज़ के लिए तैयार करता है। वह आपको ऐसे सबक सिखाता है जो आराम कभी नहीं सिखा सकता।

तो फिर हम सबसे बुरे दौर को सिर्फ़ एक समस्या के तौर पर क्यों देखें? इसके बजाय, इसे एक मोड़ की तरह देखिए।

जब आप इससे गुज़र रहे होते हैं, तो आप कितनी जल्दी यह समझ लेते हैं कि क्या आपके बस में है और सिर्फ़ उसी पर

ध्यान देते हैं—यही तय करेगा कि आप इससे कितनी जल्दी उबरते हैं।

अंदर ही अंदर, ज़्यादातर लोग पहले से ही जानते हैं कि उन्हें क्या करना है।

कभी-कभी हम सबसे बुरे दौर तक इसलिए पहुँचते हैं क्योंकि हम छोटी-छोटी चेतावनियों को अनदेखा कर देते हैं। जिन चीज़ों को हम जानते हैं कि हमें नहीं करना चाहिए, उन्हें हल्के में ले लेते हैं।

सालों के साथ, मैंने अपने सबक गंभीरता से लेने शुरू किए।

हर ग़लती एक शिक्षक बन गई। हर नाकामी एक तैयारी बन गई। **हर बुरा दौर एक बुनियाद बन गया।**

और उन पलों को ख़ुद को तोड़ने देने के बजाय, मैंने उनका इस्तेमाल ख़ुद का एक मज़बूत रूप गढ़ने में किया।

आज, जब मैं पीछे मुड़कर देखती हूँ, तो एहसास होता है कि जिन दिनों को कभी मैं अपने सबसे बुरे दिन कहती थी, वे दरअसल मेरे सबसे अच्छे अध्यायों की शुरुआत थे।

सबसे बुरे दौर ने मुझे बर्बाद नहीं किया। इसने मुझे उस इंसान से मिलवाया जो बनने की क़ाबिलियत मुझमें थी।

सबसे बुरा दौर आपकी कहानी का अंत नहीं है। यह अक्सर वह जगह होती है जहाँ आप आख़िरकार समझौता करना छोड़ देते हैं और वह बनना शुरू करते हैं जो बनने के लिए आप बने थे।

इजाज़त दे दी गई

बचपन में, मुझे याद है, टीवी देखने के लिए मैं अपने माता-पिता से इजाज़त लेती थी। आम तौर पर यह सिर्फ़ 30 मिनट होते थे, लेकिन वे 30 मिनट मैं घंटों मेहनत से पढ़ाई करके कमाती थी।

जब हम बड़े होते हैं, तो आम तौर पर अपने फ़ैसले ख़ुद लेने लगते हैं। लेकिन मज़ेदार बात यह है...

क्या हम ज़िंदगी की बड़ी चीज़ों के लिए सच में ख़ुद को इजाज़त देते हैं?

नाकाम होने की इजाज़त।

बचपन से, हममें से कई लोगों को सिखाया गया कि नाकाम होना बुरा है। अगर कोई कामयाबी का उल्टा पूछे, तो हम तुरंत कहते हैं—नाकामी।

लेकिन क्या हो अगर नाकामी दरअसल कामयाबी की एक सीढ़ी हो?

कोशिश करने की इजाज़त, सीखने की इजाज़त, ग़लतियाँ करने की इजाज़त। हमें गढ़ने वाले ज़्यादातर सबक हमारी जीत से नहीं, हमारी नाकामियों से आते हैं।

सपने देखने की इजाज़त।

पागलपन भरे, नामुमकिन से सपने देखने की इजाज़त। ऐसे सपने जिन पर लोग हँसें। ऐसे सपने जिन्हें देखकर लोग कहें, "यह तो नामुमकिन है।"

आज मेरे पास जो कई चीज़ें हैं, वे कभी किसी और को नामुमकिन लगती थीं। बेहतरी के लिए बदलने की इजाज़त।

उन आदतों और स्वभाव को पीछे छोड़ दीजिए जो अब आपके सबसे अच्छे रूप के काम नहीं आते। हम बड़े हैं। हमारे पास ख़ुद को बेहतरी के लिए बदलने की ताक़त है।

मुझे गुस्से की समस्या थी। मैंने उसे पीछे छोड़ दिया क्योंकि वह मुझे एक बेहतर इंसान बनाने में मदद नहीं कर रहा था।

अपने असली रूप में रहने की इजाज़त।

लोग क्या सोचेंगे, इसकी इतनी परवाह करना बंद कीजिए। वह उनकी समस्या है। आप बस आप बनिए।

लोगों से आगे निकल जाने की इजाज़त।

सिर्फ़ इसलिए कि कुछ लोग आपसे बड़े हैं, इसका मतलब यह नहीं कि उनकी हर बात माननी ही है। बेवकूफ़ लोग भी उम्र में बड़े होते हैं। उम्र और समझदारी हमेशा एक ही चीज़ नहीं होते।

वह कीजिए जो आपको ख़ुश रखे। और तरक्की कीजिए। और जब कोई आपको रोकने की कोशिश करे, तो और भी ज़्यादा तरक्की कीजिए। अपने कामों से उन्हें दिखाइए कि आप अलग हैं और जिस ज़िंदगी का सपना देखते हैं उसके हक़दार हैं।

कई सालों तक, मैं ख़ुद को ये इजाज़तें देने से रोकती रही। लेकिन जैसे ही मैंने दीं, मुझे लगा कि अब मुझे कोई नहीं रोक सकता।

मैं अपनी ज़िंदगी के हर हिस्से में बढ़ती रही। और मुझे पता है कि यह तो बस शुरुआत है। मैंने अभी तो शुरू ही किया है। मैंने ख़ुद को लोगों को प्रेरित करते रहने की इजाज़त दी। मैंने ख़ुद को लिखते रहने की इजाज़त दी।

क्योंकि किताबें पढ़ना उन वजहों में से एक है जिनके चलते मैं आज जो हूँ वो बनी। और अब मैं दूसरों के लिए भी यही करना चाहती हूँ।

मैं उन सभी लोगों के लिए अपने असली अनुभवों से लिखूँगी जो आगे बढ़ना, बेहतर होना, और ख़ुद का एक बेहतर रूप बनना चाहते हैं।

कभी-कभी आपके और आपकी चाही हुई ज़िंदगी के बीच सबसे बड़ी रुकावट प्रतिभा, पैसा, क़िस्मत या मौका नहीं होती।

कभी-कभी वह बस वही इजाज़त होती है जो आपने अब तक ख़ुद को नहीं दी।

तो आज, ख़ुद को इजाज़त दीजिए। सपने देखने की इजाज़त। नाकाम होने की इजाज़त। आगे बढ़ने की इजाज़त।

वह इंसान बनने की इजाज़त जो बनने के लिए आप बने हैं।

अपने पुराने ख़ुद के लिए सलाह

कई बार हम यह सवाल सुनते हैं: "अपने पुराने ख़ुद को आप क्या सलाह देंगे?" आज, जब किसी ने मुझसे यही सवाल पूछा, तो मैं ठहर गई और इस पर सोचा।

मुझे काम करते, बिज़नेस बनाते, और इस सफ़र में बहुत कुछ सीखते हुए तक़रीबन 10–11 साल हो चुके हैं। मुझे लगता है कि मैं अपने पुराने ख़ुद को एक सलाह दूँगी।

मैं उससे कहूँगी: **वही सब करना जो तुम ज़िंदगी में करने वाली हो। वही मेहनत, वही कोशिश, और वही सपने रखना। बस इसे थोड़ी और सहजता के साथ करना।**

सहजता से मेरा मतलब चीज़ों को लापरवाही से लेना नहीं है। मेरा मतलब है हर चुनौती को दिल पर न लेना और हर बात पर तनाव न लेना। कभी-कभी हम उन चीज़ों पर तनाव लेते हैं जो एक-दो साल बाद शायद मायने ही न रखें।

बस उस गेमर की तरह सोचिए जिसे वीडियो गेम खेलना बहुत पसंद है। हर नया लेवल पिछले से मुश्किल होता है, लेकिन हम उस पर कभी परेशान नहीं होते। बल्कि, जब भी कोई मुश्किल लेवल आता है, हम और उत्साहित हो जाते हैं।

किसी ने एक गेमर से पूछा, "जब गेम मुश्किल हो जाता है तो तुम इतने उत्साहित क्यों हो जाते हो?" गेमर मुस्कुराया और

बोला, "क्योंकि मुश्किल लेवल का मतलब है कि मैं ख़ुद के अगले रूप के करीब पहुँच रहा हूँ।"

यह बात मेरे मन में बस गई। ज़िंदगी इससे बहुत अलग नहीं है। हर लेवल मुश्किल होता जाता है, लेकिन हर लेवल हमें मज़बूत भी बनाता है।

जब मैंने ज़िंदगी को इस नज़रिए से देखना शुरू किया, तो सब कुछ हल्का हो गया। ज़िंदगी एक बोझ कम और एक रोमांच ज़्यादा लगने लगी। इसे समझने में मुझे लंबा वक़्त लगा, लेकिन आख़िरकार मैं समझ गई।

मैंने चीज़ों को एक गेम की तरह हल्के में लेना शुरू किया। इसलिए नहीं कि वे ग़ैर-ज़रूरी थीं, बल्कि इसलिए कि चिंता करने से कभी लेवल पार नहीं हुआ। कार्रवाई से हुआ।

हर लेवल चाहता है कि हम ख़ुद का एक और ताक़तवर रूप बनें। और जैसे ही मैं एक लेवल पार करती हूँ, मैं अगले के लिए उत्साहित हो जाती हूँ। शायद यही है **वह सलाह जो मैं अपने पुराने ख़ुद को दूँगी:**

मेहनत करना, बड़े सपने देखना, दिल से परवाह करना, लेकिन जब तुम यह खेल खेल रही हो, तो इसका मज़ा भी लेना।

अपने असली रूप में रहो

मैंने कहीं किसी किताब में पढ़ा था:

“कोई और आप नहीं है, और यही आपकी सबसे बड़ी ताक़त है।”

यह पंक्ति लंबे समय तक मेरे मन में रही।

सालों के दौरान, मैं कई लोगों से प्रेरित हुई और कभी-कभी तो उनके जैसा बनने की कोशिश भी की।

मैंने अपने आसपास के लोगों के हिसाब से अपने स्वभाव के कुछ हिस्से बदल लिए क्योंकि मैं अक्सर सोचती थी, “अगर मैं दुनिया के सामने वह रखूँ जो मैं सच में सोचती हूँ, तो लोग क्या सोचेंगे?”

शायद आपने भी ऐसा ही किया हो।

शायद आपके भी कुछ हिस्से हैं जिन्हें आप छिपाते हैं क्योंकि वे दूसरों की उम्मीदों में फ़िट नहीं बैठते।

लेकिन मज़ेदार बात यह है।

आप चाहे जो भी करें, किसी न किसी के पास कहने को कुछ न कुछ हमेशा रहेगा।

आप ख़ुद के परफ़ेक्ट संस्कारी, अच्छे-बच्चे वाले रूप की तरह बर्ताव करें, तब भी लोग आप पर राय बनाएँगे।

आप अपने असली, सैवेज, बेझिझक रूप की तरह बर्ताव करें, तब भी लोग आप पर राय बनाएँगे।

तो जब राय बनना तय ही है, तो क्यों न कम से कम उस इंसान की तरह जिएँ जो आप सच में हैं?

किसी मोड़ पर, मैंने ख़ुद से एक वादा किया।

मैंने तय किया कि मैं ज़िंदगी में मज़बूत नैतिकता और अच्छा चरित्र बनाऊँगी, लेकिन कठोर तरीक़े से नहीं।

अगर कोई बदलाव मुझे एक बेहतर इंसान बना रहा होता, तो मैं ख़ुशी-ख़ुशी वह बदलाव करती।

लेकिन अगर कोई चीज़ मुझे मेरे सबसे अच्छे रूप से दूर खींच रही होती, तो मैं उसे सिर्फ़ इसलिए नहीं अपनाती क्योंकि मेरा दायरा, मेरा माहौल, या समाज ऐसा कर रहा है।

और यक़ीन मानिए, यह हमेशा आसान नहीं होता।

बचपन से, हममें से ज़्यादातर की कंडीशनिंग ऐसी हुई है कि हम वही करें जो हमारे आसपास के लोग कर रहे हैं।

हम भीड़ के पीछे चलते हैं क्योंकि वह ज़्यादा सुरक्षित लगता है।

लेकिन मैंने ख़ुद से एक आसान सवाल पूछना शुरू किया।

क्या मुझे सच में इस इंसान की ज़िंदगी चाहिए? क्या मुझे उनकी आदतें चाहिए? क्या मुझे उनकी सोच चाहिए? क्या मुझे उनके नतीजे चाहिए?

अगर जवाब हाँ होता, तो मैं उनसे सीखती।

अगर जवाब ना होता, तो मैं इज़्ज़त के साथ अपना रास्ता चुनती।

ख़ुद से यही सवाल पूछिए। क्या आप उनके जैसा बनना चाहते हैं?

अगर हाँ, तो उनके पीछे चलिए।

अगर ना, तो ऐसी ज़िंदगी में फ़िट होने की कोशिश करना बंद कीजिए जो आपके लिए बनी ही नहीं थी।

अपना **बेझिझक रूप** बनिए।

मैं 31 साल की एक शादीशुदा औरत हूँ जो अपनी अब तक की सबसे बेहतरीन ज़िंदगी जी रही है, और मेरा पुराना ख़ुद मुझ पर बेहद गर्व करता है, और विडंबना यह है कि लोग अक्सर कहते हैं कि शादी के बाद ज़िंदगी बदल जाती है।

लेकिन मेरा मानना है कि यह आप पर निर्भर करता है।

अगर आप असली बने रहते हैं, तो लोग धीरे-धीरे आपके इर्द-गिर्द ख़ुद को ढाल लेते हैं, बजाय इसके कि वे आपको वापस पुराने ढर्रों में धकेलें।

मैंने अपनी ज़िंदगी में ऐसा होते देखा है।

मैं ख़ुद बने रहने में जितनी ज़्यादा सहज होती गई, उतनी ही कम ऊर्जा मैंने किसी और का दिखावा करने में लगाई।

और फिर उस ऊर्जा का इस्तेमाल मैं अपने सपने, अपने बिज़नेस, अपने रिश्ते, और अपना भविष्य बनाने में कर सकी।

मैं एक बात पर पुख़्ता यक़ीन रखती हूँ।

मैं ख़ुद को तभी बदलती हूँ जब वह बदलाव मुझे मेरा सबसे अच्छा रूप बनने में मदद करे।

और मैं सलाह सिर्फ़ उन्हीं लोगों से लेती हूँ जिनकी ज़िंदगी से मैं ख़ुशी-ख़ुशी अपनी जगह बदल लूँ।

एक पल के लिए इस पर सोचिए।

ऐसे किसी इंसान से ज़िंदगी की सलाह क्यों लें जो वह ज़िंदगी जी रहा है जो आप चाहते ही नहीं?

दुनिया में पहले से ही काफ़ी नकलें हैं।

इसे एक और की ज़रूरत नहीं।

इसे ज़रूरत है असली आप की।

वह रूप जो ईमानदारी से बोलता है। वह रूप जो बेबाकी से सपने देखता है। वह रूप जो खुलकर हँसता है। वह रूप जो अलग होने से नहीं डरता।

तो अपना सबसे अच्छा, अनोखा रूप बनना शुरू कीजिए।

आप बनना शुरू कीजिए।

क्योंकि आपकी सबसे बड़ी ताक़त कभी किसी और के जैसा बनना नहीं रही।

आपकी सबसे बड़ी ताक़त हमेशा पूरी तरह, संपूर्ण रूप से, और सच्चाई से आप ख़ुद बने रहना रही है।

"मुझे यह करना है" से "मुझे यह करने का मौका मिला है" तक

मैं अपनी माँ से बात कर रही थी, और मैंने उनसे कहा,

"मम्मी, करने को इतना कुछ है। कभी-कभी मुझे नींद नहीं आती क्योंकि मैं सोचती रहती हूँ कि कितना सारा काम करना है—बिज़नेस में, किताब में, मीटिंगों में, टीम को राह दिखाने में, सफ़र की योजना बनाने में, हुनर सीखने में, और किताबें पढ़ने में।"

और वे बोलीं,

"बेटा, तुम पर ईश्वर की कृपा है। शायद भगवान ने सबकी ज़िंदगी में बदलाव लाने के लिए तुम्हें ही चुना है।"

और मैं एक पल के लिए रुकी और सोचने लगी।

वे ग़लत नहीं हैं।

कितने ही लोग ज़िंदगी में कुछ करना चाहते हैं।

लेकिन यहाँ मैं हूँ—मुझे ये चीज़ें करने का मौका मिला है।

शायद मैंने यह रास्ता नहीं चुना।

शायद इस रास्ते ने मुझे अपने आसपास की चीज़ें बदलने के लिए चुना।

और मैंने यह नज़रिया अपनी ज़िंदगी की हर चीज़ पर लागू करना शुरू किया।

ज़िंदगी में जब भी मुझे किसी को सुधारना होता और उनसे वह मुश्किल बातचीत करनी होती, तो मैं ख़ुद से सोचती:

शायद मुझे यह करने का मौका इसलिए मिला है क्योंकि ज़िंदगी ने इस ग़लत ढर्रे को सुधारने के लिए मुझे चुना है।

काम में भी यही हुआ।

जब मैंने अपनी नीयत "मुझे यह करना है" से बदलकर "मुझे यह करने का मौका मिला है" कर दी, तो मैं और ज़्यादा कृतज्ञता और प्यार के साथ काम करने लगी।

और इसने मेरे आसपास की पूरी तस्वीर बदल दी।

इसने मेरे आसपास के नतीजे बदल दिए।

लोग समझते हैं कि सैवेज होना रूखा होना है।

नहीं, यह रूखा होना नहीं है।

यह आप बने रहना है—आपका सच्चा, असली रूप।

वह जो कृतज्ञ है।

वह जो दयालु है।

वह जिसके पास सही मूल्य हैं।

एक पल के लिए सोचिए।

वह ज़िंदगी जो आपको जीने को मिली है।

वह काम जो आपको करने को मिला है।

वे रिश्ते जिन्हें आपको अपना वक़्त देने का मौका मिला है।

आप पर हर तरह से कृपा है।

मुझे लगता है, यह सबसे बड़ी बात है जो मैंने अपनी माँ से सीखी।

जिस पल आप "मुझे करना है" कहना बंद करते हैं और **"मुझे करने का मौका मिला है" कहना शुरू करते हैं,** ज़िंदगी एक बोझ कम और एक वरदान ज़्यादा लगने लगती है।

ज़िंदगी को फिर से बनाना:दिन1

हाँ, मैं फिर से दिन 1 शुरू कर रही हूँ।

नहीं, मैं यह नहीं कह रही कि मैं अपना किया हुआ सारा काम या बनाए हुए बिज़नेस पीछे छोड़ने वाली हूँ।

मैं यह कह रही हूँ: मैं ज़िंदगी में दिन 1 फिर से क्यों नहीं जी सकती?

ज़िंदगी में आप जहाँ भी हों—सेहत के मामले में, रिश्तों के मामले में, करियर के मामले में, या किसी आइडिया के मामले में—अतीत में जो भी ग़लत हुआ, उसे वहीं छोड़ दीजिए।

मुझे पता है यह मुश्किल है। हम अक्सर अपने साथ बहुत कुछ ढोते हैं। **हम पुरानी नाकामियाँ, पुराने दिल के ज़ख़्म, पुरानी निराशाएँ, पुराने डर, और कभी-कभी तो ख़ुद के पुराने रूप तक ढोते रहते हैं।**

लेकिन ज़िंदगी में जब भी मेरे सामने फीके पल आते हैं, मैं अलग तरह से सोचती हूँ।

क्या हो अगर मैं अस्पताल में रही होती और मौत को लगभग छूकर अभी-अभी बाहर आई होती? क्या मैं तब भी अपना वक़्त सालों पहले हुई बातों की चिंता में बिताती? शायद नहीं। ऐसा लगता मानो मुझे दूसरी ज़िंदगी मिली हो।

तो फिर मैं हर दिन वैसे क्यों नहीं जी सकती?

अतीत के सबक साथ ले जाइए, लेकिन उसका बोझ मत ढोइए।

आज पूरी तरह मौजूद रहकर अपना भविष्य बनाइए। ज़िंदगी हमेशा कठिन नहीं होती। कई बार, हम ख़ुद इसे अतीत या भविष्य में जीकर कठिन बना देते हैं। अतीत पछतावा लाता है। भविष्य घबराहट लाता है। वर्तमान ताक़त लाता है।

तो आज आप जहाँ भी हैं, अपना दिन 1 आज से ही शुरू कीजिए।

आप अपना दिन 1 कैसे बना सकते हैं?

एक कलम और एक डायरी लीजिए। ईमानदारी से ख़ुद के साथ बैठिए और वे सभी अच्छी चीज़ें लिख डालिए जो आपकी ज़िंदगी में पहले से मौजूद हैं।

- आपकी सेहत।
- आपका परिवार।
- आपके हुनर।
- आपका अनुभव। आपके रिश्ते। आपके मौके।

कई बार हम इस बात पर इतना ध्यान देते हैं कि क्या कमी है कि भूल जाते हैं कि क्या पहले से ठीक चल रहा है। सारी अच्छी चीज़ें लिखने के बाद, ख़ुद से एक आसान सवाल पूछिए:

"इन हिस्सों को 1% बेहतर बनाने के लिए मैं आज क्या कर सकता हूँ?"

अगर आपकी सेहत अच्छी है, तो उसका और भी ज़्यादा ख़्याल रखिए। अगर आपका रिश्ता अच्छा है, तो उसमें और ज़्यादा वक़्त लगाइए। अगर आपका बिज़नेस बढ़ रहा है, तो सीखिए कि उसे और कैसे बढ़ाया जाए। अगर आपके पास कोई आइडिया है, तो उसे अमल में लाने की दिशा में एक क़दम उठाइए।

दिन 1 का मतलब एक ही दिन में अपनी पूरी ज़िंदगी बदल देना नहीं है। इसका मतलब है आज की ज़िम्मेदारी उठाना।

मैंने अपने सफ़र में ऐसा कई बार किया है।

जब मैंने अपना बिज़नेस शुरू किया, वह दिन 1 था। जब मैं अपनी सेहत को लेकर गंभीर हुई, वह दिन 1 था। जब मैंने यह किताब लिखनी शुरू की, वह दिन 1 था।

मेरी ज़िंदगी की हर मायने रखने वाली चीज़ एक दिन 1 से शुरू हुई।

ज़्यादातर लोग यह ग़लती करते हैं कि वे नई शुरुआत के बिना एक नई ज़िंदगी चाहते हैं। लेकिन हर बदलाव एक फ़ैसले, एक कार्रवाई, एक दिन 1 से शुरू होता है।

फिर से शुरू करने के लिए आपको किसी नए साल की ज़रूरत नहीं। फिर से शुरू करने के लिए आपको किसी सोमवार की ज़रूरत नहीं। फिर से शुरू करने के लिए आपको किसी की इजाज़त की ज़रूरत नहीं।

आपको बस इतना कहने की हिम्मत चाहिए:

"आज मेरा दिन 1 है।"

और अगर कल योजना के मुताबिक़ न चले, तो एक और दिन 1 बना लीजिए। क्योंकि ज़िंदगी किसी एक बड़े पल में नहीं बनती। यह एक-एक दिन 1 करके बनती है।

यह अंत नहीं है

अगर आप इस अध्याय तक पहुँच गए हैं, तो सबसे पहले... शुक्रिया।

मेरे शब्दों को अपना वक़्त देने के लिए शुक्रिया। मुझे अपने सफ़र का एक छोटा-सा हिस्सा बनने देने के लिए शुक्रिया। और बिल्कुल आख़िरी पन्ने तक साथ बने रहने के लिए शुक्रिया।

जब मैंने यह किताब लिखनी शुरू की, मैं कभी नहीं चाहती थी कि यह एक परफ़ेक्ट किताब हो। मैं चाहती थी कि यह एक सच्ची किताब हो।

एक ऐसी किताब जो एक असली इंसान ने लिखी हो—जिसने ग़लतियाँ कीं, कई बार नाकाम हुई, ख़ुद पर शक किया, चोट खाई, फिर उठ खड़ी हुई, सबक सीखे, और आगे बढ़ती रही।

क्योंकि ज़िंदगी यही है।

इस पूरी किताब में, हमने तरक्की, निरंतरता, सपनों, अपने असली रूप में आने, सबसे बुरे दौर, दिन 1, सपने देखने की इजाज़त, छोटे बदलावों, नाकामियों, ख़ुद पर यक़ीन, और थोड़ा-थोड़ा करके बेहतर होने के बारे में बात की।

इसलिए नहीं कि मैंने इन सब चीज़ों में महारत हासिल कर ली है, बल्कि इसलिए कि मैंने इन्हें जिया है। और मैं अब भी इन्हें जी रही हूँ। मैं अब भी सीख रही हूँ। मैं अब भी बढ़ रही हूँ। मैं अब भी बन रही हूँ।

अगर इस किताब ने आपकी थोड़ी भी मदद की, अगर किसी एक अध्याय ने भी आपको ठहरकर सोचने पर मजबूर किया, अगर किसी एक वाक्य ने भी आपको ख़ुद पर फिर से यक़ीन दिलाया, तो इस किताब को लिखने में बिताया हर घंटा सार्थक था।

क्योंकि किताबों ने मेरी ज़िंदगी बदल दी।

जब से मैं तक़रीबन 14 साल की थी, किताबें मेरी मार्गदर्शक बन गईं। जब भी मैं उलझन में होती, मुझे किताबों में जवाब मिलते। जब भी मैं आगे बढ़ना चाहती, किताबें मुझे रास्ता दिखातीं। जब भी मैं एक बेहतर ज़िंदगी चाहती, किताबें मेरी सोच को बड़ा कर देतीं।

जिन लेखकों को मैंने पढ़ा, वे मेरे ख़ामोश मार्गदर्शक बन गए। उन पन्नों के भीतर जिन किरदारों से मैं मिली, वे मेरे दोस्त बन गए।

अपने और अपने परिवार के लिए एक बेहतर ज़िंदगी बनाने में मदद करने वाले कई फ़ैसले उन्हीं सबकों की बदौलत आए जो मैंने किताबों से सीखे।

और आज, एक लेखिका के तौर पर यहाँ खड़े होकर, मैं कृतज्ञ महसूस करती हूँ। क्योंकि अब मुझे कुछ लौटाने का मौका मिल रहा है।

शायद मेरे शब्द किसी ऐसे इंसान तक पहुँचें जिसे उनकी ज़रूरत है। शायद कोई एक अध्याय किसी को हार न मानने में मदद करे। शायद कोई एक सबक किसी के सालों की उलझन बचा ले। शायद कोई एक वाक्य किसी को ख़ुद पर फिर से यक़ीन करने में मदद करे।

अगर यह किताब सिर्फ़ एक ज़िंदगी भी बदल दे, तो यह सार्थक होगी। यह किताब अंत नहीं है। यह तो बस शुरुआत है। अगले दो सालों में, मैं और किताबें लिखने की योजना बना रही हूँ। कई और किताबें।

कुछ तरक्की के बारे में होंगी। कुछ कहानियों के ज़रिए होंगी। कुछ किरदारों के ज़रिए होंगी। लेकिन परफ़ेक्ट किरदार नहीं। मेरी कहानियों में हमेशा वही किरदार होंगे जिन्हें मैंने असल ज़िंदगी में देखा है—ख़ामियों वाले, जो ग़लतियाँ करते हैं और उन्हें सुधारते हैं।

मुझे परफ़ेक्ट लोगों में दिलचस्पी नहीं। असल ज़िंदगी परफ़ेक्ट नहीं होती। हम परफ़ेक्ट नहीं हैं। जो लोग हमें प्रेरित करते हैं, वे भी परफ़ेक्ट नहीं हैं।

जिन किरदारों के बारे में मैं लिखूँगी, वे ग़लतियाँ करेंगे। वे गिरेंगे। वे जूझेंगे। वे ख़ुद पर शक करेंगे। वे ऐसी लड़ाइयाँ लड़ेंगे जिन्हें कोई नहीं देखता। और फिर वे उठ खड़े होंगे।

ठीक हम सबकी तरह।

क्योंकि वही कहानियाँ हैं जो लोगों को बदलती हैं। सच्ची कहानियाँ। इंसानी कहानियाँ। ख़ामियों वाली कहानियाँ।

और यह प्रीति 2.0 की भी शुरुआत है।

वह लड़की जिसने कभी बड़े सपने देखे। वह लड़की जिसे नामुमकिन की बातें करने वाली कहा गया। वह लड़की जिसने कभी-कभी ख़ुद पर शक किया। वह लड़की जिसने ग़लतियाँ कीं। वह लड़की जो फिर भी चलती रही।

प्रीति का यह रूप तो अभी शुरू ही हुआ है। वह आसमान छूने वाली है। शायद उससे भी ऊँचा।

वह बढ़ती रहेगी। सीखती रहेगी। बनाती रहेगी। लिखती रहेगी। और ख़ुद के सबसे असली और सैवेज रूप में रहकर लोगों को प्रेरित करती रहेगी।

और अगर आप वह इंसान हैं जो आगे बढ़ना चाहता है, जो ज़िंदगी से और चाहता है, जो अंदर ही अंदर जानता है कि वह इससे ज़्यादा के क़ाबिल है, तो मैं चाहती हूँ कि आप एक बात जान लें:

आप अकेले नहीं हैं। इस सफ़र में मुझे अपनी बड़ी बहन मान लीजिए।

कोई जो आपको और बड़े सपने देखने की याद दिलाती रहेगी। कोई जो आपको याद दिलाएगी कि नाकामी अंत नहीं है। कोई जो आपको फिर से शुरू करने की याद दिलाएगी। कोई जो आपको याद दिलाएगी कि आपकी मौजूदा हालत आपकी आख़िरी मंज़िल नहीं है।

क्योंकि मैं सच में मानती हूँ कि साधारण लोग असाधारण ज़िंदगियाँ बना सकते हैं। तो इस किताब को बंद करते हुए, मैं आपके लिए एक आख़िरी विचार छोड़ना चाहती हूँ: सिर्फ़ प्रेरक कहानियाँ मत पढ़िए। ख़ुद एक बन जाइए।

जिन अध्यायों से आप सबसे ज़्यादा जुड़ाव महसूस करें, उन्हें मेरे साथ इंस्टा पर ज़रूर साझा कीजिए। यह जानकर मुझे बहुत ख़ुशी होगी।

आपकी कहानी अभी लिखी जा रही है। आपका सबसे अच्छा अध्याय शायद अभी आना बाक़ी है। तब तक...

बढ़ते रहिए। सपने देखते रहिए। बनते रहिए। और उस इंसान पर यक़ीन करना कभी मत छोड़िए जो आप बन सकते हैं।

प्यार के साथ,

प्रीति 🩶

अपनी पहली किताब की लेखिका। और अभी तो बस शुरुआत है।

www.ingramcontent.com/pod-product-compliance
Lightning Source LLC
LaVergne TN
LVHW090402210926
848480LV00002B/429